완전한 풍요

월터 브루그만 저/정성묵 역

한국장로교출판사

Materiality as Resistance
Five Elements for Moral Action in the Real World

English Edition © 2020 by Walter Brueggemann
Foreword and study guide © 2020 Westminster John Knox Press
First Edition © 2020 Published by Published by Westminster John Knox Press Louisville, Kentucky
Korean Edition © 2021 by Publishing House The Presbyterian Church of Korea, Seoul, Republic of Korea

All rights reserved. No part of this book may be reproduced or transmitted in any form or by any means, electronic or mechanical, including photocopying, recording, or by any information storage or retrieval system, without permission in writing from the publisher.

Materiality as Resistance

차 례

추천의 글 : 매력적인 세상적 믿음 _ 6
서문 _ 20

1. 돈 _ 27
2. 음식 _ 41
3. 몸 _ 61
4. 시간 _ 81
5. 장소 _ 103

결론 _ 127
토론을 위한 질문들 _ 136
감사의 글 _ 166

추천의 글 : 매력적인 세상적 믿음

-짐 월리스(Jim Wallis)

 이 책을 읽는 내내 즐거웠다. 성경에서 세상을 변화시키기 위한 방법을 찾아내는 일은 월터 브루그만한 사람이 없다는 사실을 또 다시 확인할 수 있었다. 세상 변화, 이것이야말로 성경 대부분의 내용이다. 즉, 성경은 무엇보다도 하나님이 세상 속에서 어떻게 역사하시며 하나님의 백성들이 창조주와 함께 어떻게 행동해야 하는지에 관해서 말하고 있다. 브루그만의 '선지자적 상상력'은 언제나 세상 속에서 하나님의 목적에 어떻게 협력할 것인지와 관련이 있다.

 과거의 교회들이 이 점을 완전히 놓치고 있었다는 사실이 지금도 생각할수록 안타깝다. 성도들이 가장 좋아하는 구절, 그리고 내게 가장 먼저 암송을 강요했던 구절(아마 보통의 개신교 교회에서 자란 많은 사람들이 공감할 것이다)은 요한복음 3장 16절이었다. "하나님이 세상을 이처럼 사랑하사 독생자를 주셨으니 이는 그를 믿는 자마다 멸망하지 않고 영생을 얻게 하려 하심이라"

수많은 신자들처럼 나도 이 구절을 외웠다. 그리고 이 말씀 하나로 내 문제가 해결되었다. 그 구절을 믿기만 하면 지옥(우리가 귀에 못이 박이도록 들었던 가장 두려운 일)이 아닌 천국에 갈 수 있다. 문제는 우리 교회가 이 말씀의 첫 부분을 완전히 무시했다는 것이다.

"하나님이 세상을 이처럼 사랑하사"

당시 '세상'은 우리의 믿음과 아무런 상관이 없었다. 단지 '세상적으로' 흐르지 말라는 권고에만 '세상'이란 말을 들을 수 있었다. 그 외에 세상은 교인들의 대화나 목사님의 설교에 전혀 등장하지 않았다. 우리 교회 설교는 예수님을 믿고서 세상을 탈출하는 법에만 초점이 맞추어져 있었다. 목사님은 예수님을 '따르라'는 말은 하지 않고 그저 천국에서 영원한 삶을 누릴 수 있도록 그분을 '믿으라고'만 했다.

십대 시절, 사회의 구조적 차별을 보면서 이런 믿음에 반감이 싹트기 시작했다. 어느쯤에 나의 고민을 교회 장로님에게 털어놓았다. 그분은 매우 걱정스러운 표정으로 나에게 이렇게 말씀하셨다.

"이보게, 기독교는 인종차별과 아무런 상관이 없네. 그건 정치적인 문제고, 우리의 신앙은 개인적인 문제야."

그 순간, 나는 머리와 마음으로 내 어릴 적 신앙을 떠났다. 그리고 곧 우리 세대의 사회운동에 뛰어들었다. 당시는 그분과의 대화를 어떻게 정리해야 할지 몰랐지만, 수년간 삶으로 느낀 답은 바로 "하나님은 개인적(personal)이실 뿐 사적(private)이시지는 않다."라는 것이다. 그 후로 내 삶과 일은 모두 개인적인 신앙을 공적인 영역으로 가져가기 위해 노력하는 것이었다. 신앙은 세상을 변화시킬 수 있고 변화시켜야 한다고 믿는다.

월터 브루그만은 세상 속에서 신앙인으로 살아 가며, 하나님의 목적에 따라 세상을 변화시키기 위해 하나님과 협력하는 것이 무슨 의미인지를 다시 한 번 보여 준다.

브루그만은 세상의 문제가 단지 나의 교회만이 아닌 교회 전체에서 시작되었음을 언급한다. 로마의 콘스탄티누스 황제가 초기교회를 받아들인 지 2세기 뒤인 6세기, 기독교는 교인들의 물질적인 안정에 무관심하고 내세적인(죽음 이후의 세계) 문제에만 치중했다. 그런데 브루그만은 이 현상이 오늘날 부유한 교회들에서 그대로 나타나고 있다고 주장한다. 그는 물질에 대한 이러한 시각이 인류에 영향을 미치어, 물질에 대한 생각이 그야말로 '어린아이'나 다름없다고 지적한다. 그 결과 이 시대의 교회는 '시대의 중요한 문제 앞에 도덕적 열정이 없는 약한 교회'가 되고 말았다.

브루그만은 본래 신앙이 의도한 '물질적' 측면은 두 가지 요인에 근거한다고 설명한다. 첫째, 하나님은 세상을 창조하시고 좋았다고 말씀하셨다. 둘째, 예수님은 세상에 성육신하셔서 '지극히 물질적인 종류'의 '선한 일'을 행하셨다. 예를 들어, 병자를 치유하고 가난한 자들에게 복된 소식을 전하고 눈먼 자를 보게 하셨다.

그래서 브루그만은 책의 첫머리부터 '물질성'(materiality)을 '물질주의'(materialism)와 혼동해서는 안 된다고 분명히 못을 박는다. 그리고 나서 '성숙한 물질성'이 적용되는 인생의 다섯 가지 큰 영역을 파고든다. 이 책은 돈과 음식, 몸, 시간, 장소에 관해서 내가 본 가장 도발적이고도 창의적인 글 중 하나다.

교인들은 매주 세상 속에서 살아가야 하기 때문에 세상을 실질적으로 변화시키는 이 선지자적 가르침이 특히 귀할 수밖에 없다. 이 가르침을 통해 세상, 그리고 우리 지역사회에서 진정한 변화가 나타나면 우리가 개인적으로 '선한 삶'을 사는 동시에 '공익'을 추구한다는 것을 사람들이 알게 될 것이다.

다섯 가지 고찰 중 첫 번째로, 크리스천의 삶에서 돈이 지닌 적절한 역할과 통찰력 깊고도 도발적인 분석이다. 순이익과 봉급에 관한 사회적, 정치적 대화가 끊이지 않고 구조적이고 지속적인 불평등에 관한 논쟁이 치열한 이 시대에 브루그만은 수입과 투자 같은 구체적인 것들에 관해 이야기하며, 투자와 노동을 동일시하는 이들, 특히 전자를 후자 위로 격상시키는 이들에게 날카로운 일침을 가한다.

브루그만에 따르면 "투자 수익을 '노동으로 번' 돈으로 생각하는 것은 착각"이다. "우리 사회는 모든 사람에게 공정한 수입을 보장해 주기 위한 노력을 거의 하지 않다시피 했다." 그러므로 소득을 완전히 다른 배경, 즉 공동체라는 배경 속에 두어야 한다. "소득을 공동체라는 배경 속에 두면 소득 능력, 그리고 그것과 관련된 기대 및 약속, 제약을 바라보는 시각이 완전히 달라질 수밖에 없다." 나아가 돈과 관련된 선택은 엄연히 신앙적 선택이다.

"물질성과 관련된 중요한 선택의 길이 우리 앞에 놓여 있다. 피조세계 전체의 행복을 증진시키는 '기여자'가 될 것인가?

아니면 피조세계를 고갈시키는 '사용자'가 될 것인가?"

브루그만은 지적하기를, 이웃에 대한 진정한 사랑과 취약계층에 대한 진정한 돌봄은 자선뿐만 아니라 주기적인 빚 탕감을 포함해야 한다. "자선 외에도 성경은 주기적인 빚 탕감을 명령한다." 그래서 빚 탕감은 성경 전체에서 강하게 나타나는 주제다. 우리가 자주 드리는 기도인 예수님이 가르쳐 주신 주기도문도 빚 탕감의 문제를 제기한다. 브루그만은 범위를 확대해서, 빚 탕감의 필요성이 경제적 정의에서 비롯된 매우 실질적인 비전이라고 설명한다. "규정의 목적은 영구적인 빈민층이 형성되는 것을 막고 취약계층이 인간다운 경제적 삶을 영위할 수 있도록 만드는 것이다."

궁극적으로 건강하고 거룩한 경제의 열쇠는 세상이 누구에게 속했는지 기억하는 것이다. 브루그만은 우리가 창조주께 피조세계의 풍요로운 복을 받았고 계속해서 받고 있기 때문에 우리의 반응은 '후히 베푸는 것'이어야 한다고 설명한다. 우리가 매일같이 창조주의 후한 선물에 얼마나 의지해서 살아가는지를 알고 나면 '자수성가'해야 한다거나 '스스로를 의지'해야 한다는 말이 얼마나 허튼소리인지를 절실히 깨달게 된다.

브루그만은 세금에 대해서도 설득력 있는 논리를 펼친다. 그는 공동체와 사회의 공익을 위한 좋고도 정당한 세금의 중요성을 설명하는 동시에 불의를 지원하거나 부당하게 부과되는 세금에 반대할 의무가 크리스천들에게 있다는 점을 지적한다. "책임감 있는 물질성은 공익을 증진시키는 좋은 세금을 옹호하는 것을 포함한다." 그에 따르면 지역 사회 안에서 이루어지는 소비와 과세는 공익 증진에 가장 중요한 것 중 하나다. "돈이 그 지역 밖으로 나가지 않게 하는 것은 성숙한 물질성의 중요한 요소 가운데 하나다."

돈에 관한 브루그만의 분석은 개인적인 종교적 삶과 경제적 삶에 관한 분석이 아니다. 처음부터 끝까지 성경을 바탕으로 하는 그의 분석은 돈에 관한 개인과 집단의 결정 및 상황을 세상 속에서 하나님의 목적과 연결시킨다. 그는 우리가 항상 접하는 일상적인 문제들에 관한 윤리적이고 영적인 지침서를 제공해 준다.

음식에 관해서도 브루그만의 분석은 날카롭기 짝이 없다. 푸드스탬프, 기아 퇴치를 위한 국제적인 노력, 살을 빼고 싶은 부자들을 위한 식단, 사람들이 "우리는 먹는 대로 된다"라고 말하는 이유, 패스트푸드가 건강과 환경에 미치는 악영향, 음식 낭비, 사람들이 채식주의자가 되려는 이유, 이 외에 어떤 주제든 우리는 매일 음식에 관해서 생각하고 말한다. 그런데 이것이 세상 속에서 하나님의 목적 혹은 하나님의 피조세계에 대한 우리의 책임과 무슨 상관이 있을까? 이번에도 브루그만은 이 모든 것을 신학적이고 성경적인 시각으로 풀어낸다. 이는 정말이지 브루그만이 아니면 아무나 할 수 없는 일이다.

브루그만은 승자와 패자가 갈리는 부족의 경제와 나누기만 하면 항상 충분한 풍요의 경제를 비교한다. 그에 따르면 "예수님은 '하나님의 풍요'로 초대를 받은 제자들에게 그 풍요를 '부족의 삶'과 대비시키신다."

또한 브루그만은 개인적으로, 몰래, 악하게 음식을 소비하는 것이 아닌 "경제적으로 소외된 사람들과 함께 먹어야 한다."고 말한다. 그는 산업형농업이 지구, 사람들, 하나님의 다른 피조물들에 미치는 악영향을 소규모 지역 생산과 소비와 비교하며 '먹이 사슬'을 '식량 네트워크'로 대체해야 한다고 말한다. 그럴 때 공동체가 구축된다.

브루그만은 크리스천들과 몸의 관계를 논하면서 (롬 12장에서와 같은) 하나님께 대한 예배가 그분께 바치는 '몸의 제사'를 필요로 한다고 설명한다. 몸의 제사는 "하나님의 은혜로우심이라는 세상과 완전히 다른 윤리에 따라 이웃에게 은혜롭게 구는 것을 의미한다. 현대인들이 자기관리와 성에 너무 집착하는 측면이 있기는 하지만, 건강한 자기관리와 건강한 성은 둘 다 몸의 제물에 포함된다." 자기 자신과 자신의 성적 만족에 대한 끝없는 집착에서 벗어나야 한다. 그런 집착은 우리를 더 고립시키고 분리시킨다. 자기관리는 단순한 건강제품 쇼핑이 아니며, 성은 거래가 아닌 장기적인 언약의 헌신을 위한 것이다.

우리의 '몸'은 단순한 육체적 존재가 아니라 공통의 **정체성**이다. 브루그만은 이렇게 말한다. "몸의 성숙한 물질성은 자기 집착에서 벗어나 자신을 정치적 몸(body politic)의 일부로 본다." 마틴 루터 킹 주니어가 말한 "피할 수 없는 상호의존의 망"이 우리를 하나로 묶고 있다. 이로 인해 우리에게는 서로에 대한 매우 실질적인 의무가 있다. 이 의무는 정치적 함의를 지니며, 좋은 시민이 될 것을 요구한다.

또한 브루그만은 타 네히시 코츠의 말을 인용하면서 어떻게 미국 역사 속에서도 흑인들의 몸이 '훔침을 당한 몸'으로 전락했고, 그런 훔침을 통해 그리스도 몸의 파괴와 피조물이 품은 하나님의 형상에 대한 공격이 계속되고 있는지를 고발한다. 그에 따르면 '새로운 복음의 세상을 펼치기 위해서'는 '이웃 사랑'이 필요하다.

부르그만은 항상 젊기를 원하는 세상 사람들이 가장 회피하는 주제도 다룬다. '부활하신 그리스도'에 대한 믿음은 몸의 죽음을 끝으로 보지 않는 믿음이다. '불멸에 대한 환상'은 '우리를 건강하고 젊게 유지시켜 주는 신제품'의 감언이설로 노화를 막고 싶은 우리에게서 자원을 뽑아내려는 소비문화의 산물이다. 브루그만은 이렇게 결론짓는다. "마지막으로, 성숙한 물질성은 우리가 죽는다는 사실을 인정하는 것이다. 우리의 몸은 일시적인 것이다." 크리스천들은 체념이 아닌 소망 가운데 '좋은 죽음'을 준비해야 한다.

시간이란 주제에서 브루그만은 살인적인 일정 속에서 '치열하게 경쟁하는 것'에서 벗어나 '우리의 시간이 하나님의 손 안에 있다'는 사실을 알라고 말한다. 안식일은 우리의 모든 시간 중에서 가장 중요하다. 이전의 6일은 모두 안식일을 향한다. "피조물만 그런 것이 아니라 창조주에 대해서도 마찬가지다"(창 2:1-4 전반부). 브루그만은 '상품화된 경제의 끝없는 생산과 소비 요구에 대한 저항이요 거부'로서 안식일 준수의 중요성을 강조한다. 안식일 준수는 본질적으로 상품, 생산, 일정, '피곤한 세상'에 대한 하나님의 주되심을 선포하는 믿음의 행위다.

또한 브루그만은 "범사에 기한이 있고 천하만사가 다 때가 있나니"로 시작되는 유명한 전도서 3장 1~8절에 대해 희망적인 분석을 제시한다. '뽑히는' 것과 '심겨지는' 것의 비유는 세상을 위해 하나님의 목적에 협력할 우리의 책임을 축소하지 않으면서도 시간이 하나님의 손 안에 있다는 소망의 메시지를 받아들이라고 강권한다.

"인종, 계급, 성, 백인 민족주의라는 폭력적인 이데올로기들이 극심한 비판과 공격을 받고 있다. 반면, 우리와 다른 이웃들을 사랑해 주는 **다문화주의**라는 새로운 사회적 가치가 심겨지고 세워지고 있다."

브루그만은 미래에 대한 희망적인 비전을 제시하면서 마틴 루터 킹 목사의 물음을 인용한다. "언제까지?"

킹 목사는 자신의 물음에 스스로 대답했다. "도덕적 우주의 포물선은 길지만 정의를 향하여 기울어져 있습니다."

이 책의 부르그만의 마지막 주제는 장소이다. 창조와 성육신 모두에서 보듯이 장소는 하나님의 백성들에게 매우 중요하다. 브루그만은 이렇게 말한다. "성숙한 물질성을 갖추려면 우리의 기대와 요구사항, 좋아하는 것들로 채워진 '집'이 있다는 것이 무엇인지 생각해 보아야 한다. 그래야만 그런 장소, 그런 집이 없는 삶의 대가를 분명히 볼 수 있다."

브루그만은 특유의 선지적인 스타일로 우리 사회에 만연한 '집 상실'의 뿌리를 파헤친다. "우리는 '집 잃은 사람들을 양산하는' 경제 속에서 살고 있음을 볼 수 있어야 한다. 집 잃은 사람들의 양산은 민영화된 탐욕스러운 경제의 낮은 임금과 약탈적인 대출이자, 퇴보적인 세금 정책과 깊은 연관이 있다. 나아가, 현재의 집 상실은 노동자들이 아무런 자원도 없이 평생 일만 하다가 생을 마감한 노예제도의 잔재인 측면이 많다는 사실을 충분히 추론할 수 있다." 같은 맥락에서 브루그만은 젠트리피케이션(gentrification)[*]이 '취약한 상속자들을

---

[*] 낙후된 구 도심 지역이 활성화되어 중산층 이상의 계층이 유입됨으로써 기존의 저소득층 원주민을 대체하는 현상(역자주)

가장 위험에 빠뜨리는' '공격'이라는 점을 폭로한다.

또한 브루그만은 뿌리를 제공하는 장소의 중요성을 강조한다.

"모든 사람이 어딘가에서 왔다. 누구나 특정한 소망과 특정한 자원, 특정한 사회 규약, 특정한 음식을 가진 특정한 장소에서 왔다. 이 특정한 요소들을 수정하고 비판하는 것까지는 좋지만, 근거 없는 상상을 좇아 이것들을 완전히 버리는 것은 위험한 행동이다. '합당한 장소'는 당연히 그에 따른 비용을 수반하지만, 우리 삶에 혜택을 주고 뿌리를 제공하는 특정한 요소들이 있는 장소다. 우리는 뿌리 없는, 장소 없는 떠돌이가 되어서는 안 된다. 우리는 특정한 시간과 공간 속에서 책임감 있는 파트너가 되어야 한다."

인간이 장소의 주인이라는 만연한 관념이 아닌 장소와의 파트너십이 매우 중요하다. "소유주의 목적은 생산을 극대화하는 것이 아니라 장소의 안녕을 추구하는 것이다." 브루그만은 "장소와 소유주가 서로 파트너십을 이루어 서로에게 속하고 장기적인 운명을 함께하는 것이다."라는 말로 우리 모두를 피조세계와 다시 연결시킨다.

월터 브루그만의 이 책이 우리에게 중요한 이유는 매우 '현실적'이기 때문이다. 주일학교와 성경 공부 모임, 설교, 기독교 단체에서 읽고 묵상해야 할 책이라 생각한다. 세상을 향한 하나님의 목적에 열정적으로 또한 실질적으로 참여하기를 원하는 모든 이들에게 이 책을 권하고 싶다.

서문

때가 오래 되었으므로 너희가 마땅히 선생이 되었을 터인데

너희가 다시 하나님의 말씀의 초보에 대하여

누구에게서 가르침을 받아야 할 처지이니

단단한 음식은 못 먹고 젖이나 먹어야 할 자가 되었도다

이는 젖을 먹는 자마다 어린아이니

의의 말씀을 경험하지 못한 자요

단단한 음식은 장성한 자의 것이니

그들은 지각을 사용함으로 연단을 받아

선악을 분별하는 자들이니라

- 히브리서 5장 12~14절

초대교회 시대에는 교인들과 주교들이 가난한 사람들의 어려움을 세심히 헤아리고 돌보았다. 그런데 6세기에 접어들면서 갑자기 그런 모습이 사라지고 교회는 부에 관해서는 '사적인' 방향과 소망에 관해서는 '내세적인' 방향으로 돌아섰

다. 피터 브라운(Peter Brown)에 따르면 이런 갑작스러운 변화의 원인은 부유층이 교회를 주도하면서 자신들의 부를 가난한 교인들을 위해 사용하는 것을 꺼려하면서 나타났다.[1] 그의 글에서 내세에 대한 소망과 부의 과시가 거대한 무덤을 세우고 있음을 분명하게 제시하고 있다.

또한 성직자들의 '타자화'(othering)가 나타났다. 즉 사제와 주교들이 '실제 세상'에서 분리되어 성스러운 것들의 대표자 역할을 맡게 되었다.

성직자들은 점점 '타자화'되었다. 성직자들은 성스러운 계급이 되었다. 그들의 옷차림과 헤어스타일, 성적 행동이 평신도들과 완전히 달라야 한다는 인식이 강해져 갔다. 성직자들의 복장이 일반 복장과 완전히 달라졌으며, 성직자와 수도사는 필수적으로 삭발을 하게 되었다. 흥미롭게도 삭발의 기원은 성직자에 대한 교회의 규정이 아니다. 예로부터 로마인들은 삭발(수염과 정수리를 깎는 것)을 특별한 헌신의 증거로 여겼다. 삭발은 이런 증거를 요구하는 목소리에 대한 반응으로 등장했다. 성스러운 계급으로서 평신도들을 위해 중보했던 이들은 삭발 의식을 통해 임명되었다.[2]

이런 원인들과 현상으로 사실상 교회는 물질적인 문제들에 대한 관심을 버리고 내세를 위한 '영혼 돌보기'라는 영적인 문제에만 몰두하기 시작했다. 이렇게 부유한 교회들에서 물질적인 것들에 거리를 두는 현상은 오늘날까지 이어져 오고 있다. 목회자는 정치적인 발언과 행동을 하지 말아야 한다는 말이 이 현상을 대변해 준다. 물론 이 말은 교인들의 심기를 건드리는 정치적 발언과 행동을 하지 말아야 한다는 뜻이기도 하다. 요즘 교회들은 목회자가 '성스러운' 일에만 전념하는 것을 선호한다. 하지만 가난한 교회들의 사정은 전혀 다르다. 이 교회들은 물질적인 문제들을 다루는 데 전혀 거리낌이 없다.

히브리서 저자는 편지의 수신인들이 더 큰 믿음을 품고 더 담대하게 복음을 증언하도록 격려를 아끼지 않았다. 하지만 5장 12~14절에서는 그들이 '자라기를 거부한다고' 꾸짖는다.[3] 그들은 계속해서 복음의 '이유식'에만 의존함으로 선악에 관한 시급한 문제들을 다룰 능력이 없는 '아기'로 남으려고 했다. 내가 볼 때 현대의 부유한 교회들은 의도적이든 아니든 물질성의 문제에서 '아기' 수준에 머물러 있다. 요즘 교회들은 신앙의 물질성에 관한 정확하고도 비판적인 사고라는 단단한 음식보다 편리하고 사적이며 내세적인 복음이라는 '젖'을 선호한다. 그로 인해 많은 교회가 실제 삶 속에서 믿음의 물질적인 측면들에 참여하기를 거부하고 '순수한 종교'에 만족하고 있다. 그 결과 우리 교회는 시대의 중요한 문제들에 관한 도덕적 열정이 없는 약한 교회가 되어 가고 있다.

이 책에서는 우리 신앙의 물질성과 관련해서 가장 중심에 있는 신앙의 몇 가지 차원을 살펴보고자 한다. 신앙의 물질적인 측면에 참여해야 한다는 생각은 피조세계에 관한 우리의 확신에 근거하고 있다. 그것은 세상의 모든 것이 하나님이 좋다고 선포하신 하나님의 피조물이라는 확신이다. 아울러, 이것은 성육신에 관한 우리의 확신에 근거하고 있다. 이는 하나님이 나사렛 예수를 통해 "육신이 되어"(요 1:14) 지극히 물질적인 종류의 "선한 일을 행하셨다"는 확신이다(행 10:38).

> 맹인이 보며 못 걷는 사람이 걸으며 나병환자가 깨끗함을 받으며 귀먹은 사람이 들으며 죽은 자가 살아나며 가난한 자에게 복음이 전파된다(눅 7:22)

예수님이 행하신 물질성(materiality)을 물질주의(materialism)

와 혼동해서는 곤란하다. 물질에 대한 복음의 강조는 우리 삶의 현실이 창조주 하나님의 선하심에 대한 기쁨에서 우러나온 순종에 근거하고 있기 때문이다. 예수님이 병자를 치유하고 가난한 자들에게 복된 소식을 가져오셨다고 해서 그분을 '물질주의자'로 부른 사람은 아무도 없었다. 나는 예수님의 본을 따라 비판적이고 정직하며 충성스러운 사고와 행동으로 우리 삶의 물질적 차원들에 관심을 갖고 참여하는 것이 이 문화적 배경 속에서 절실히 필요하다고 믿는다.

나는 교회, 특히 교회의 리더들이 이제 오랜 회피에서 벗어나 신앙의 물질적인 측면에 다시 참여할 의무와 기회를 마주하고 있다고 단언한다. 이어지는 페이지들에서 나는 우리의 신앙에 영향을 미치는 물질적 영역들을 탐구하고자 한다.

나는 일단 물질성을 다섯 가지 영역으로 규명했지만 독자들은 다른 영역들로 규명할 수 있으리라 생각한다. 난 이 책을 통해 여러분이 '단단한 음식'을 소화시키게 되길 바란다. 우리가 '성숙해져서' 진짜 세상에서 도덕적 사고와 도덕적 행동을 할 수 있는 기술과 능력을 갖게 된다면, 그건 정말 멋진 일일 것이다. 물론 우리 신앙의 개인적인 측면과 내세적인 측면을 부인할 생각은 추호도 없다. 하지만 성숙한 물질성에 관한 회복이 오늘 이 시대를 살아가는 우리에게 절실하다는 점만큼은 분명한 사실이 아닐까?

Materiality as Resistance

제1장

돈

money

> 너희를 위하여 보물을 땅에 쌓아두지 말라
>
> 거기는 좀과 동록이 해하며
>
> 도둑이 구멍을 뚫고 도둑질하느니라
>
> 오직 너희를 위하여 보물을 하늘에 쌓아두라
>
> 거기는 좀이나 동록이 해하지 못하며
>
> 도둑이 구멍을 뚫지도 못하고 도둑질도 못하느니라
>
> _ 마태복음 6장 19~20절

물질성에 관한 논의는 당연히 돈에서부터 시작되어야 한다. 돈은 재화를 교환하기 위한 수단이다. 돈으로 인해 시장 거래가 가능하다. 하지만 동시에 돈은 영향력, 힘, 성공, 미덕의 강력한 (사회마다 다르게 이루어지는) 상징이기도 하다. 이 후자의 기능에 대해서 주의가 필요하다. 대부분의 사람들이 돈의 영적인 영향력에 대해서 매우 무지하기 때문이다.[1]

돈에 대한 기독교적 시각의 중심에는 존 웨슬리(John Wesley)의 명언인 "최대한 벌어서 최대한 주고 최대한 저축하라"가 있다. 이 진술은 돈에 대한 책임감 있는 태도를 강조한다. 하지만 얼핏 단순해 보이는 이 진술이 실제로는 탐구할 필요성이 있는 많은 문제를 함축하고 있다. 예를 들어, 다음과 같은 문제들이다.

얼마나 벌면 충분한가?
얼마나 주면 충분한가?
얼마나 저축해야 하는가?

이런 질문에 답하기 위한 효과적인 방법 중 하나는 소그룹이나 세미나에 참석하여 돈을 주제로 개인적인 이야기를 최대한 자세히 나누는 것이다. 어릴 적 돈을 어떻게 경험했는지, 가족이 돈에 관해서 어떤 본보기를 보여 주었는지, 가족이 돈을 어떻게 벌고 저축하고 나누었는지를 상세히 나눈다.

자본주의 사회에서는 이런 문제가 더욱 복잡하다. 개인주의에서 비롯한 소비주의는 돈을 사회 전체와 관계없는 별개의 것으로 다루기 때문이다. 그렇게 돈을 별개로 다루면 웨슬리의 가이드라인이 모두 무의미해진다. 그 결과는 돈을 사회적 배경과 상관없이 도구로써만 여기게 되는 것이다. 돈으로 환산할 수 없는 장소나 사회적 나눔, 요구사항들을 전혀 고려하지 않게 된다.

먼저 **"최대한 벌라"**에 관해 생각해 보자. 우리의 노동윤리가 실제로 칼빈과 연관성이 있는지 없는지를 떠나서 자본주의 사회는 막스 베버(Max Weber)의 프로테스탄트 노동윤리에 비판적이다. 물론 정직하고도 생산적인 노동은 미덕이며, 그만큼 많은 돈을 번다. 아니 벌어야 마땅하다. 따라서 노동으로 더 많은 돈을 버는 능력은 좋은 것이다.

하지만 웨슬리의 공식에는 적지 않은 문제점이 있다.

얼마나 많이 벌어야 충분한가? '충분'이 '최대한' 보다 적은 것인가? 자본 이동성과 기술 발전으로 인해 끝없이 축적할 수 있는 시대에 '최대한'은 한계나 제약이 없다. 일 자체가 목적이 되고 부의 축적이 일종의 중독성 마약이 되어 우리 삶에서 인간적인 차원이 사라질 수 있다. 한편, 정직하고 생산적인 노동의 대가가 투자 수익과 다른가? 투자를 지혜롭게 관리해서 "옛 방식으로 돈을 벌라"는 텔레비전 광고가 어불성설인가? 투자 수익을 '노동으로 번' 돈으로 생각하는 것은 착각이다. 롤랜드 보어(Roland Boer)는 과거에는 잉여자본으로 사는 사람들이 사실상 '비생산자들'이었다는 점을 지적한다.

토지 시스템은 한 가지 매우 실질적인 문제를 다루기 위해 탄생했다. 어떻게 비생산자들을 먹이고 입힐 것인가? 혹은 비생산 지배층이 익숙해진 삶을 어떻게 유지할 것인가? 직접적으로나 간접적으로나 (보유를 통해) 토지 관리가 그 답이었다.[2]

물론 우리 세상도 별로 다르지 않다. '비생산 지배층'은 여전히 (적은 임금을 받는) 남들의 노동에 의존하고 있으니 말이다. 흔히 가난한 실직자들을 '비생산자'로 여기지만 사실 '비생산자'는 '임금'으로 볼 수 없는 잉여 자본과 투자 수익으로 살아가는 자들까지 포함된다.

한편, 돈을 벌 능력이 부족한 사람들은 어떻게 하는가? 프로테스탄트 근로윤리는 주로 자신의 노동으로 부와 성공을 이룬 백인 남성들에 관한 것이었다. 하지만 그들 대부분은 처음부터 유리한 고지에서 시작했다.[3] 소수인종과 여성, 장애인들, 무엇보다도 가난을 대물림 받아 애초에 높은 임금을 받는 일을 하기 힘든 사람들은 어떻게 해야 하는가? 우리 사회는 모든 사람에게 공정한 수입을 보장해 주기 위한 노력을 거의 하지 않았다. 그리하여 가난을 대물림 받은 사람들은 정직한 일에 대한 충분한 대가를 받지 못하고 있다. 그들이 받는 임금으로는 사람다운 삶이 불가능하다. 반면에 좋은 집안에서 태어난 사람들의 경제적 우위는 절세 전략과 높은 교육을 비롯한 갖가지 이점을 통해 보호되고 있다. 사회에서 뒤처진 자들은 이런 우위를 고의적으로 박탈당하고 있다.

"최대한 벌라"라는 권고와 관련해서 소득이 어떤 식으로 개인화되었는지를 밝혀야 한다. 그래서 각 소득자가 자신을 공동체에 속한 존재로 여기고, 그 공동체 안에서 누구는 막대한 이점을 누리고, 누구는 상류층으로의 접근이 차단되어 있다는 사실을 볼 수 있어야 한다. 사실, 공동체 전체가 개인화된 부라는 유독한 개념에 의해 왜곡되어 있다. 소득을 공동체라는 배경 속에 두면 소득 능력, 그리고 그것과 관련된 기대 및 약속, 제약을 바라보는 시각이 완전히 달라질 수밖에 없다.

두 번째로 **"최대한 저축하라"**에 관해서 생각해 보자. 가장 단순하게 보면, 웨슬리의 이 말은 최대한 많은 돈을 모아서 저축하라는 뜻이다. 이 권고는 "최대한 쓰라"라는 소비주의의 유혹을 막아 주는 좋은 가이드라인이 되어 줄 수 있다. 따라서 일단 더 많은 '물건'을 가지면 삶이 안전하고 행복하고 더 좋아진다는 소비주의의 유혹을 떨쳐내야 한다. 텔레비전 광고로 볼 때 소비주의의 3대 유혹은 더 많은 약, 더 많은 새

차, 더 많은 전자기기를 가지라는 것이다. 웨슬리는 이런 유혹을 거부하라고 권고한다. 그에 따르면 약이나 새 차, 전자기기를 더 많이 가져도 우리의 삶은 조금도 나아지지 않는다.

하지만 성숙한 물질성은 '저축하라'(save)는 명령어에 주목한다. 웨슬리의 의도가 무엇이었든 이 명령어를 더 온전히 받아들일 필요성이 있다. 책임감 있는 물질성을 실천하려면 '저축하라'(save)의 다른 두 의미를 고려해야 한다.

첫째, 우리의 서식지인 지구를 구해야(save) 한다. 산업 분야에서 화석 연료를 과도하게 사용하는 것과 더불어 소비품을 금방 쓰고 버리는 문화로 인해 지구가 몸살을 앓고 있다. 성숙한 물질성을 위해 우리는 절약의 대가인 웬델 베리(Wendell Berry)의 다음 말을 가슴 깊이 새겨야 한다.

> 우리는 한 가지만 선택해야 한다. (자연) 그것을 제대로 돌보든가 그것에 치명적인 상처를 입혀야 한다.[4]
>
> 산업화의 시대에 이 관계(자연과 인간 사이의 상호적 관계)는 절망적인 두 태도로 인해 철저히 망가졌다. 그것은 자연 세계를 '자연 자원'으로만 보고 무한히 약탈하거나 기껏해야 '환경'으로 보고 부분적이고도 선택적인 보호를 하는 것이다.[5]

우리는 지금보다 훨씬 더 가난하게 살 인격과 기술을 얻어야만 한다.[6]

(기껏해야 몇 년 전부터) '필요하다'고 생각해 온 것들을 포기할 수 있어야 한다.[7]

구세대는 너무하다 싶을 정도로 구식으로 굴 책임이 있다.[8]

이런 저축(세이브)은 자신을 위해 축적하는 것이 아니라 우리의 삶을 더 큰 생명체 망의 일부로 보고 그 망에 기여하는 것이다. 물질성과 관련된 중요한 선택의 길이 우리 앞에 놓여 있다. 피조세계 전체의 행복을 증진시키는 '기여자'가 될 것인가? 아니면 피조세계를 고갈시키는 '사용자'가 될 것인가?

둘째, 우리의 이웃을 구해야(save) 한다. 성경에서 '4대 취약계층'은 과부, 고아, 이민자, 빈민이다(신 24:19-22). 약탈적인 가부장적 경제에서 이들은 아무런 지위도 힘도 없었다. 이런 세이브는 취약계층이 공동체의 부와 자산을 나눌 수 있도록 돕는 지속적인 자선 활동을 포함한다. 그들이 부를 소유할 수 있게 하는 것이 가장 중요하다. 하지만 자선 외에도 성경은 주기적인 빚 탕감을 명령한다. 값싼 노동력을 얻기 위해 의도적으로 채무자 계층을 양산하는 사회에서는 이런 세이빙이 반드시 필요하다. 그래서 모세는 '면제의 해'에 간헐적인 빚 탕감(신 15:1-18)과 희년에 잃어버린 자산의 회복(레 25장)을 규정했다. 크리스천들이 가장 많이, 자주 하는 기도인 주기도문의 중심에도 죄의 빚을 탕감해 달라는 간청이 있다. "우리가 우리에게 죄 지은 자를 사하여 준 것같이 우리 죄를 사하여 주시옵고"(마 6:12).[9] 모세 규정의 목적은 영구적인 빈민층이 형성되는 것을 막고 취약계층이 인간다운 경제적 삶을 영위할 수 있도록 만드는 것이다.

'최대한 저축하라'는 돈을 개인적으로 축재하라는 뜻이 아니라 이웃과 온 피조세계를 위해 돈을 지혜롭게 활용하라는 뜻이다.

셋째, **"최대한 주라"**에 대해 생각해 보라. 책임감 있는 물질성은 삶의 풍성한 선물에 대한 깊은 감사로 인해 기꺼이 후히 베푸는 것을 포함한다. 희소한 자원을 놓고 서로 치열한 경쟁을 벌이는 사회에서 남들보다 앞서가야 한다는 압박감은 상상을 초월한다. 하지만 책임감 있는 물질성을 지닌 이들은 희소한 자원의 세상에 거하지 않는다. 대신, 하나님의 풍요로운 피조세계에 거한다. 따라서 책임감 있는 물질성은 경쟁적인 축적의 욕구를 정면으로 거스르는 것을 포함한다. 우리가 후히 베풀 수 있는 근거는 후하신 하나님의 공급하심이다. 천지를 선물로 창조하신 하나님이 우리에게 계속해서 주고 계신다. 우리는 그분의 선물을 끝없이 받고 있다. 따라서 우리는 자수성가할 필요도 스스로를 의지할 필요도 없다. 나아가, 내가 번 돈이니 내 돈이라고 말할 필요도 없다. 책임감 있는 물질성은 우리 모두가 생명을 주는 네트워크에 속해 있고, 이 네트워크에 온전한 참여자이자 기여자가 될 영광스러운 기회가 있다는 점을 깨닫는 것이다.

이와 관련해서 우리가 명심해야 할 세 가지가 있다. 현대인들은 특정하고도 뚜렷한 위기가 나타날 때마다 즉흥적으로 베푸는 경향이 있다(예를 들어, 크라우드 펀딩). 물론 이런 베풂도 좋은 것이다. 하지만 그것만으로는 책임감 있는 물질성이라고 말할 수 없다. 즉흥적인 나눔을 넘어 예산을 짜서 계획적이고 주기적이며 체계적이고 지속적으로 나누려는 노력이 필요하다. 그렇게 하면 극적인 위기를 다룰 수 있을 뿐 아니라 공동체의 건강을 책임지는 사회 기관들을 지속적으로 지원할 수 있다. 이런 나눔의 양은 상황에 따라 달라질 수 있다. 다만 십일조가 최대치가 아니라는 점을 알아야 한다. 십일조는 오히려 최소치다. 웨슬리의 두 권고를 잘 따를수록 더 많이 베풀어 감사를 더 온전히 표현할 수 있다.

둘째, 책임감 있는 기독교 물질성은 더불어 사는 삶과 공익에 지대한 관심을 가진다. 공익에 대한 기여는 대개 세금 납부의 형태로 이루어지는데, 불행히도 경쟁이 치열한 사회에서는 구성원들이 세금을 부를 축적할 자유에 대한 심각한 침해로 본다. 그래서 어떻게든 세금을 회피하고 축소하려고 한다. 이런 저항은 엄연히 공익을 해치는 짓이다. 기독교 물질성을 실천하는 이들은 납세를, 부를 공동체에 돌려주는 것으로 여긴다. 그래서 기쁜 마음으로 세금을 낸다. 물론 모든 세금이 좋은 것은 아니다. 비열하고 심지어 유해한 세금도 있다. 그러므로 책임감 있는 물질성은 공익을 증진시키는 좋은 세금을 옹호하는 것을 포함한다. 예를 들어, 공립학교 지원, 모든 구성원이 이용할 수 있는 인프라 개선, 필수적인 식량과 주택 공급을 위한 세금은 좋은 것이다. 아리아나 허핑턴(Arianna Huffington)은 좋은 납세의 필요성을 강조한 바 있다. 그에 따르면 "불우한 아이들을 위한 것보다 오페라와 화려한 미술관을 위한" 돈을 모금하는 것이 "훨씬 더 쉽다." "정부 예산의 강력한 힘이 아니면 빈곤 극복은 불가능하다."[10] 기독교 물질성은 정부의 힘을 거부하지 않고 공익을 위해 그 힘을 사용하는 것을 지지한다. 이런 형태의 나눔은 단순한 나눔이 아니라 좋은 시민의식의 표현, 심지어 애국심의 표현이기도 하다.

셋째, 5장에서 성숙한 물질성 중 '장소'의 중요성을 설명하고자 한다. '돈' 관리와 '장소'에 대한 헌신을 결합해서 보면, 돈의 투자와 사용은 각 지역 사회에 초점을 맞추어 지역 경제에 도움이 되어야 한다. '돈을 고향에 묶어 두는' 것이 중요하다. 그러려면 돈을 지역사회에서 끌어내리는 대형 상점과 체인점(특히, 거대 온라인 상점)의 무분별한 확장을 제지시켜야 한다. (쉬운 예로, 인터넷 서점의 '편리함'보다 동네 서점을 선택해야 한다. 지역 경제에서 돈을 빼내는 업체들의 서비스는 언제나 '편리하다'.) 돈이 그 지역 밖으로 나가지 않게 하는 것은 성숙한 물질성의 중요한 요소 가운데 하나다.

'벌기'와 '저축하기', '주기', 이 세 가지는 돈을 버는 개인들이 이웃과 더불어 사는 공동체에 기여하는 요소이다. 이 세 가지로 품은 세상의 주된 내러티브를 볼 수 있게 해준다. 그러므로 기독교의 물질성에 반하는 내러티브는 다음과 같다.

돈을 버는 것은 오로지 자신만을 위한 것이다. 그래서 끝없이 축적해야 한다.

저축은 자신만의 독립적인 삶을 향상시키기 위한 개인적인 노력이다.

나눔은 인색하고 불규칙하게 하면 충분하다.

그렇다면 지금 우린 이 중 어떤 내러티브 가운데 서 있는 걸까? 한 가지 확실한 것은 성경이 말하는 성숙한 물질성은 돈에 관한 사회의 주된 가정들을 버리는, 우리의 극단적인 변화를 촉구하고 있다는 것이다.

제2장

음식

f o o d

너희가 먹을 것을 주라 하시니 ……

다 배불리 먹고

남은 떡 조각과 물고기를

열두 바구니에 차게 거두었으며

_ 마가복음 6장 37~43절

  우리 삶에서 양식만큼 시급하고도 계속적으로 필요한 건 없다. 음식은 매일 우리가 마주하는 가장 구체적인 물질이다. 따라서 성숙한 물질성을 실천하려면 양식을 다루고 양식에 관해서 깊이 고민해야 한다. 일단 생각해야 할 문제는 영양소가 많은 '신선한 음식'을 먹고, 조심성과 절제력을 갖고, 좋은 음식과 운동을 통해 적절한 몸무게와 몸의 건강을 유지하는 것이다. 패스트푸드와 식이장애, 잘못된 식습관, 비만이 만연한 현대 세상에서 이는 매우 중요한 문제다.

  하지만 이런 양식의 문제 이면에는 '부족과 풍요'를 둘러싼 더 깊고도 까다로운 문제가 있다. 이 문제가 누가복음 12장 13~21절에 기록된 비유의 핵심이다. 예수님의 비유는 한 부자를 묘사하고 있다. 그는 축적에 재빠른 부자 농부다. 그는 충분히 가지지 못할까 두려워 양식(곡식)을 계속해서 쌓고 또 쌓았다.[1] 양식을 향한 그의 욕심은 그칠 줄 몰랐다. 그리고 그 욕심은 그에게 치명적인 결과를 가져왔다. 즉 그는 '어리석음' 가운데 안타까운 생을 마감했다. 그는 부족함에 대한 착각의 희생자였다. 그는 양식이 충분하지 않다고 생각한 나머지, 자신에게 충분한 양 이상의 양식을 확보하려고 했다.

누가복음의 이 비유는 탐욕을 경계하는 비유다(15절). 다음 문단에서도 예수님은 계속해서 탐욕을 경계하신다(22-31절). 예수님은 '하나님의 풍요'로 초대를 받은 제자들에게 그 풍요를 '부족의 삶'과 대비시키신다. 예수님은 풍요의 증거들을 통해 비유 속 농부의 부족에 대한 두려움이 기우일 뿐이라는 점을 보여 주신다. 예수님은 제자들에게 부족의 내러티브에서 빠져나와 그분의 풍요의 내러티브 속으로 들어오라고 초대하신다.

예수님에 따르면 풍요는 "그의 나라"(31절) 곧 정의와 의, 긍휼의 영역을 추구하는 자들과 백합, 새들에게 충분한 음식을 공급해 주시는 창조주 하나님의 생산 능력에 근거한다. 따라서 우리는 부족에 대한 두려움으로 과도한 축재와 포식을 추구하는 삶에서 벗어나 풍요의 약속으로 나아가, 무엇을 먹을까 하는 걱정에서 해방되어야 한다(22절).

성숙한 물질성을 위해 '부족'의 내러티브가 얼마나 강한지를 살펴볼 필요성이 있다. 많은 사람이 굶어 죽는 아프리카 아이들을 경종으로 삼아 식량을 최대한 비축하고 아껴야 한다고 말한다. 하지만 더 큰 요인은 우리에게 더 많이 소유하고 더 많이 먹을 권리가 있다는 소비주의의 끈덕진 메시지다. 소비주의는 포식이 합당하고, 포식할 만큼 식량이 충분하지 않기 때문에 계속해서 더 많은 식량을 확보해야(구매해야) 한다고 속삭인다.[2] 하지만 성숙한 물질성은 이런 왜곡된 현실을 거부하는 것에서 시작된다.

이런 거부의 근거는 창조주 하나님과 그분의 피조세계의 생성력에 대한 믿음이다. 바로 이 생성력이 성경의 주된 내러티브다. 즉 성경의 이야기는 출애굽기 16장에 기록된 놀라운 만나의 내러티브를 중심으로 돌아간다. 당시 이스라엘은 광야에서 바로의 식량 공급을 받지 못하고 있다. 얼마 있지 않아 전직 노예들은 바로의 식량 공급을 그리워하기 시작한다(3절). 광야에는 이렇다 할 식량 공급원이 없다. 하지만 아무것도 없어 보이는 그곳에서 떡과 고기, 물, 그러니까 생명 유지에 필요한 모든 것이 주어진다(출 16:13, 15; 17:6; 시 105:40-41). 웬델 베리 소설 속의 애티(Athey)와 델라 케이스

(Della Keith) 부부는 일상 속에서 풍요를 믿는 모습을 보여 준다.

> 원기 왕성한 시절 델라와 애티의 삶은 보는 이들을 놀라게 할 만큼 풍요로웠다. 마치 마법처럼 그들의 호주머니에서 나온 감자며 양파, 순무, 호박, 옥수수가 순식간에 방안을 가득 채웠다. 밖으로 나온 음식과 저장된 음식이 가득해서 풍요가 끝이 없어 보였다.[3]

예수님은 '먹이시는 기적'(막 6:30-44; 8:1-10)을 통해 만나의 기적을 다시 재현하셨다. 다시 말해, 예수님도 광야에서 굶주린 무리를 먹이셨다. 예수님이 가시는 곳마다 떡이 넘쳐났다. 그것은 그분이 바로나 가이사의 약탈적 손길이 미치지 못하는 삶을 사셨기 때문이다.

농장에서 식탁까지 이르는 과정을 통해 '부족과 풍요'의 위기를 조명해 볼 필요성이 있다.

첫째, 부족과 풍요의 문제를 중심으로 식품 '생산' 과정을 살펴보자. 이 문제는 가족농업(family farm)과 산업형농업(industrial agriculture)의 문제로 귀결된다. 꽤 오랫동안 지역의 가족농장과 개인 텃밭에서 키운 음식들이 그 지역의 식탁을 책임져 왔다. 하지만 산업혁명이 일어나면서 더 발전한 기술과 더 큰 농업장비들이 등장했다. 그로 인해 농부 한 명이 거대한 농경지를 관리하는 것이 가능(그리고 필요)해졌다. 하지만 값비싼 장비에 투자하다 보니 생산을 극대화해야 했고, 생산을 극대화하려면 더 많은 토지를 사야 했다. 그것이 가족농업의 쇠퇴를 가져왔다. 생산량은 화학비료를 통해 더욱 늘어났다. 아울러 밭떼기 계약을 통해 농장을 통제하는 농산물 카르텔도 생산량 증가의 한 원인이었는데, 이 카르텔은 농장이나 토지, 농부, 심지어 식품의 품질에도 아무런 관심이 없었다. 가족농업은 생산량이 적고 비효과적이어서 산업형농업이 온 세상을 먹여 살릴 것으로 기대하였다. 그 결과, 식품이 '화학화'(bechemicaled)되었다.(이 얼마나 놀라운 단어인가!)

나는 캘리포니아 주 샌트럴밸리에서 본 것 같은 화학화된 거대한 공장식 농장이 아닌 좋은 땅에서 행복하고 건강하게 자란 채소와 과일을 먹고 싶다. 산업형 농장은 공장 생산 라인의 패턴을 따르고 있다고 한다. 하지만 실제로 보면 강제수용소에 더 가깝다.[4]

이런 방식의 결과는 농부들이 배려 없는 식품 카르텔에 끌려 다니고 소비자들은 화학화된 음식들을 양산하는 식품 공급 사슬들에 끌려 다니게 된 것이다.

결과적으로 가족농업이라는 대안이 더 나은 식품을 만들어 낸다.

사실, 북미뿐 아니라 제3세계 곳곳에 있는 작은 농장들이 여러 가지 이유로 큰 농장들보다 더 생산적이다. 산업형 콩 농장이 평당 더 많은 콩을 생산할지는 모르지만, 6~12가지 작물을 심는 작은 농가가 양과 시장 가치에서 더 앞선다. 작은 농가의 작물들은 서로의 성장을 돕는다. 멕시코와 중미 북부의 농부들은 예로부터 '세 자매' 곧 옥수수, 콩, 호박을 심어 왔다. 옥수수는 콩을 위한 격자 구조물을 제공하고, 호박잎은 잡초의 성장을 방해하고 수분 증발을 지연시키며, 콩은 세 작물 모두를 위해 질소를 고정시키고 토지를 비옥하게 만든다. 다양한 작물, 심지어 한 종 내의 다양한 작물을 함께 심어도 좋은 유기체들이 자랄 공간이 늘어나고, 해로운 유기체들이 모든 작물에 해로운 영향을 덜 미칠 수 있다.[5]

다행히, 산업형 농업이 조금씩 줄어들고 있다. 새로운 형태의 가족농업들이 나타나고, "크지 않으면 그만두라"(1950년대 미국 농무부 장관 에즈라 태프트 벤슨〈Ezra Taft Benson〉이 농부들을 향해 외친 구호)라는 세상의 흐름을 거슬러 '작은 농장들'을 운영하려는 젊은이들이 늘어나고 있다. 또한 새로운 텃밭 붐이 일어나고 있다. 작년에 우리 교회의 텃밭에서도 2천 킬로그램 가까이 되는 농작물을 거두어 들였다. 이 농작물을 판매한 수익금은 경제적으로 소외된 사람들을 돌보고 먹이는 데 사용하였다.

성숙한 물질성을 행하려면 우리가 선택하여 먹는 음식의 생산 방식들에 좀더 많은 관심을 기울여야 한다. 부족의 관념에 갇혀 있으면 생산성을 늘리면 부족을 극복할 수 있다는 가정에 따라 산업형 생산 방식을 옹호할 수 있다. 하지만 하나님의 풍요에 따라 사는 사람은 땅을 아끼고 지혜롭게 가꾸면 필요한 로컬 푸드를 충분히 얻을 수 있다는 확신을 갖고 있다.

둘째, 식품 '**분배**' 과정을 생각해 봐야 한다. 생산된 식품은 생산지 안에서 유통되는 것이 가장 자연스럽다. 이렇게 생산지 안에서 식품을 유통하면 소비자들이 생산자들과 직접 거래할 수 있다. 또한, 여력이 되지 않는 이웃들과 음식을 나누는 연민과 진정으로 더불어 사는 삶의 모습이 나타나기 쉽다.

요즘 주를 이루는 식품 분배 방식에서는 이런 연민이나 배려를 찾아보기가 힘들다. 산업형 생산의 치열한 세상에서는 분배가 익숙한 부와 빈곤의 궤적을 따른다. 그 결과, 많은 자원을 가진 자들이 좋은 음식들을 산더미처럼 축재할 수 있다. 예를 들어, 성경을 보면 바로는 식량을 축재한 뒤에 그 식량을 무기로 지역 농부들에게서 생산 수단들을 빼앗았다(창 47:16-17). 애굽의 식량 관리자(이스라엘인 요셉)가 바로의 변덕에 따라 식량 분배를 통제했다. 잉여 식량을 독식하는 바로의 관행은 그의 사위인 솔로몬 왕에게로 그대로 옮겨갔다. 솔로몬은 농부들은 맛볼 수 없는 온갖 고기가 가득한 식탁을 즐겼다.

솔로몬의 하루의 음식물은 가는 밀가루가 삼십 고르요 굵은 밀가루가 육십 고르요 살진 소가 열 마리요 초장의 소가 스무 마리요 양이 백 마리이며 그 외에 수사슴과 노루와 암사슴과 살진 새들이었더라(왕상 4:22-23)

이 막대한 잉여 식량은 최저생계비를 받고 땅에서 일하는 농부들의 생산성에 의존했다. 반면, 이 농부들은 이런 진수성찬을 구경조차 할 수 없었다.

성경 속에서 볼 수 있는 이런 식량 분배의 극심한 불평등은 오늘날 세상에서도 똑같이 포착되고 있다. 오늘날에도 부유층은 풍성한 음식을 즐기는 반면, 낮은 임금을 받는 노동자를 비롯한 '뒤처진' 사람들은 찌꺼기로 입에 풀칠만 하고 있다. 이런 식량 분배 관행은 인색한 식량 분배 정책인 '푸드스탬프'(food stamp, 미국의 대표적인 저소득층 식비 지원 제도)에 고스란히 반영되어 있다.

또한 굶주린 사람들에게 노동 할당량을 채우게 하는 것은 어려운 사람들이 자신들의 식량을 거저 얻어먹게 하지 않으려는 일부 부유층의 욕심에서 비롯했다. 정부는 취약계층에게는 노동 할당량을 부과하면서도 가장 많은 혜택을 받는 생산자들에게는 후한 보조금까지 지급하고 있다. 우리 사회에서 매일 벌어지는 이런 고의적인 불평등은 국제 관계 속에서도 똑같이 목격된다. 식량이 가난한 국가들을 지배하기 위한 부유한 국가들의 무기로 변질되고 있다. 식량이 착취와 강탈의 도구로 왜곡되고 있는 것이다.

이런 식량 분배의 불균형은 부자와 "그 부자의 상에서 떨어지는 것으로 배불리려" 한 나사로에 관한 예수님의 비유를 생각나게 한다(눅 16:21).[6] 이 비유에 따르면 이 부자와 같은 자들은 율법 아래에 있는 반면, 나사로는 하나님의 연민을 상징하는 아버지 아브라함의 품에 안겨 있다. 이 비유는 인색한 식량 분배 시스템으로 취약계층을 소외시키면 좋지 않은 결과가 따르며, 하나님의 나라는 굶주린 자들 쪽으로 기울어져 있다는 점을 시사한다.

누가복음을 보면 하나님 나라의 식량 분배는 완전히 다르다. 예를 들어, 누가복음의 포문을 여는 선언문에서 예수님의 어머니는 식량의 철저한 재분배를 기대하고 있다.

주리는 자를 좋은 것으로 배불리셨으며 부자는 빈손으로 보내셨도다(눅 1:53)

이후 예수님에 관한 누가복음의 묘사는 마리아의 노래와 맥을 같이 한다. 예를 들어, 누가복음 버전의 팔복에서 예수님은 식량 분배의 완전한 역전을 이야기하신다.

지금 주린 자는 복이 있나니 너희가 배부름을 얻을 것임이요……화 있을진저 너희 지금 배부른 자여 너희는 주리리로다 (눅 6 : 21, 25)

여기서 '지금'과 '나중'이 사실은 행복에 관한 두 가지 상충하는 내러티브를 지칭한다는 점을 알아야 한다. 브룩스 해링턴(Brooks Harrington)은 '지금'과 '나중'이 먼 훗날의 낙원에 관한 이야기가 아니라는 점을 분명히 간파했다.[7] 이 두 가지 분배 방식은 바로 지금, 서로 상충하며 시행되고 있다. 성숙한 물질성은 이 둘의 충돌을 보고 피조세계의 풍성함에 따른 새로운 식량 분배를 추구하게 해 준다.

셋째, 성숙한 물질성은 식량 '소비'에 관해 다시 생각하게 한다. 현재의 소비주의는 각 개인들을, 소비하고 먹고 소유하고 축적할 권리와 의무가 있는 '소비자'로 정의한다. 소비주의는 세상을, 인간 '주인들'이 마음대로 이용하고 착취해도 되는 대상으로 여긴다.[8] 소비주의는 '주인'인 우리가 세상을 아무런 제약이나 한계 없이 마음대로 사용하고 먹을 수 있는 무한한 자원으로 여긴다. 탐닉과 '국방'을 위한 화석 연료 소비에서 이런 태도가 가장 극명하게 나타난다. 주된 국가 자본주의에 따르면 어떤 식으로든 화석 연료 소비를 제한하지 말아야 한다. 실제로, 어떤 식으로든 경제 성장을 제한하는 환경보호는 불법이라는 암묵적인 합의가 이루어져 있다. 이런 무분별한 소비의 결과, 우리는 화학물질이 가득한 가공식품을 먹고 있다. 산업형 생산이 땅을 해치는 것처럼 가공식품은 소비자들을 해치고 있다. 이런 소비주의의 태도로 인해 나사로와 부자의 이야기가 끝없이 재현되고 있다. 돈과 권력을 지닌 자들의 소비가 아무런 제약도 받지 않고 있는 것이다.

성숙한 물질성은 개인적인 정체성을 조정하게 만든다. 우리 자신을 더 이상 무분별하게 소비할 권리(그리고 의무)가 있는 소비자로 여기지 않게 해 준다. 성숙한 물질성은 우리에게 두 가지 새로운 정체성을 제시한다.

첫째, 우리는 '시민이요 공동체의 일원'이라는 정체성으로 나아가야 한다. 한편으로, 이 정체성은 우리의 식량 소비가 항상 공동체 안의 다른 일원들과 함께 이루어져야 한다는 뜻이다. 경제적으로 소외된 사람들과 함께 먹으면 그들의 식탁과 극심한 대조를 이루는 낭비와 탐닉에 대해 다시 생각하게 된다. ('소외된'이라는 표현을 사용한 것은 우리가 쉽게 '가난'으로 치부하는 문제가 사람다운 삶에 필요한 경제적 자원으로부터 단절된 결과이기 때문이다. '경제적으로 소외된'이란 표현이 이 문제의 구조적인 원인을 지적한다는 점에서 '가난한' 보다 낫다.) 시민으로서 우리는 홀로 먹지 않는다. 언제나 우리와 함께 식탁에 앉아 있거나 우리가 식탁으로 초대해 주기만을 기다리고 있는 이웃들의 곁에서 먹는다. 한편, 시민으로서의 정체성은 우리가 지역에 도움이 되는 식품 정책과 관행을 위해 애쓸 의무가 있다는 뜻이다.

우리가 성숙한 물질성을 통해 받아들여야 할 두 번째 정체성은 우리가 다른 피조물들과 함께 사는 '하나님의 피조물'이라는 것이다. 우리도 '먹이사슬'의 일부일 뿐 아니라 모든 피조물에게 적절한 식량을 누릴 권리가 있는 '식량 네트워크'의 일부라는 점을 인식해야 한다. 성경에 따르면 피조물로서 우리의 역할은 지구를 '경작하며 지키는 것'이다(창 2 : 15). 다시 말해, 식량을 풍성하게 내어주는 지구를 경작하고 보전해야 한다. 우리가 다른 피조물들과 함께 먹고, 함께 먹는 피조물들의 네트워크 전체를 돌볼 책임을 받아들일 때 우리의 소비 습관을 근본적으로 재고할 수 있다.

식량에 대한 깊은 관심을 이끌어 내는 것이 성숙한 물질성의 목표다. 식량의 생산에서 분배와 소비까지 전체 과정에 온전한 관심이 필요하다. 이렇게 전체 과정을 다 알고 나면 더 이상 음식을 이기적으로 축재할 필요성을 느끼지 못한다. 최소한 '모르고서' 그랬다는 말은 더 이상 할 수 없다. 이제 음식이 신성한 의미를 지니게 되기 때문이다. 음식은 모든 것을 주시는 창조주의 후함과 풍성함을 상징한다. 이 점을 알고 나면 다음과 같이 할 수 있다.

농업의 산업화와 화학물질 사용에 저항할 수 있다.
돈과 권력을 지닌 자들이 누리는 음식에 대한 특권에 저항할 수 있다.
탐닉적인 지배의 이데올로기에 저항할 수 있다.

이런 이유로 식사기도는 매우 적절한 행위다. 식사기도는 음식을 먹기 전에 음식을 주시는 하나님의 뜻에 합당하게 소비되어야 하는 선물이라는 사실을 인정하고 감사하는 행위다. 시편에서 우리는 하나님을 음식의 원천으로 인정하는 식사기도를 만날 수 있다.

이것들은 다 주께서 때를 따라 먹을 것을 주시기를 바라나이다 주께서 주신즉 그들이 받으며 주께서 손을 펴신즉 그들이 좋은 것으로 만족하다가(시 104 : 27-28)

모든 사람의 눈이 주를 앙망하오니 주는 때를 따라 그들에게 먹을 것을 주시며 손을 펴사 모든 생물의 소원을 만족하게 하시나이다(시 145 : 15-16)

이 구절들은 음식이 우리가 생산한 것이 아니고, 우리의 권리의식이나 욕구에 따라 분배되어서는 안 되는 것이며, 배려 없는 방탕으로 소비되어서도 안 된다는 점을 말하고 있다. 우리의 감사기도는 우리가 떡을 주시는 '하나님의 면전에서' 그리고 하나님이 우리만큼이나 사랑하시는 '이웃들의 면전에서' 먹는다는 고백이다.

마티아스 클라우디우스(Matthias Claudius)의 찬송가만큼 감사의 태도를 잘 표현한 것도 없다.

저 밭에 농부 나가 씨 뿌려 놓은 후
주 크신 능력 내려 잘 길러 주셨네
또 사시사철 따라 햇빛과 단비를 저 밭에 내려주니

그 사랑 한없네

저 산과 들을 보라, 참 아름답구나
길가의 고운 꽃도 주님의 솜씨라
저 공중 나는 새도 다 먹여 주시니
그 사랑하는 자녀, 돌보지 않으랴

씨 뿌려 거둔 곡식, 주님의 은혜라
우리의 몸과 마음, 새 힘이 넘치네
주 은혜 받은 우리, 참 감사하면서
이 예물 드리오니 다 받아 주소서

온갖 귀한 선물 주님이 주신 것
그 풍성하신 은혜를 다 감사드리세

이 찬송가는 식량 생산을 위한 인간의 노력, 곧 밭을 갈고 씨를 뿌리는 작업을 인정하는 것으로 시작된다. 하지만 노래는 인간의 노력에서 하나님의 후하심으로 갑자기 초점이 바뀐다. 후렴구는 "온갖 귀한 선물"(당연히 음식이란 선물도 포함)이 전적으로 하나님에게서 온다고 고백한다. 따라서 우리의 적절한 반응은 오직 감사뿐이다. '감사'로 이루어지는 '생산'을 상상해 보라. '감사'로 실행되는 '분배'는 또 어떤가? '감사'로 이루어지는 '소비'를 상상해 보라. 위의 기도들과 찬양은 하나님의 후하심을 인정하는 고백이다. 가장 성숙한 물질성을 갖춘 이들은 하나님의 후하심에 걸맞은 감사를 드릴 줄 안다. 탐욕스러운 축재의 시스템은 음식에 담겨 있는 신성한 잠재력을 앗아간다. 그렇게 되면 피조세계 전체의 굶주림을 채워 줄 수 없는 음식이 양산되고, 우리는 그 음식에 당연히 불만족할 수밖에 없다.

Materiality as Resistance

제3장

몸

The Body

목숨이 음식보다 중하고

몸이 의복보다 중하니라

_ 누가복음 12 : 23

  성숙한 물질성은 인간 몸(히브리어-네페쉬⟨nephesh⟩)에 대한 성숙한 시각을 지닌다. 누가복음 12장 23절에서 제자들에게 생명과 몸의 중요성을 강조하신 예수님의 말씀은 음식의 축재가 삶의 전부라고 생각하는 부자 농부에 관한 비유에 이어서 나타난다. 이 부자 농부는 필시 자신의 몸보다 의복과 외모를 더 중시했을 것이다. 하지만 예수님은 우리에게 우선순위를 바로잡아야 한다고 말씀하신다. 음식과 의복이 생명과 몸만큼 중요하지는 않으니까 말이다.

  짐작했을지 모르겠지만, 일단 몸에 관한 성숙한 물질성은 **책임감 있는 자기관리에서 시작된다**. 우리 모두는 책임감 있는 자기관리의 방법을 잘 알고 있다. 올바른 식습관과 적절한 운동, 충분한 잠을 유지하고 과식이나 게으름, 과로를 피하는 것이 그 방법들이다. 좋은 자기관리는 술, 담배 등의 중독을 피하고 분에 넘치는 치장이나 소비를 하지 않으며 정신을 흐트러뜨릴 수 있는 온라인 활동을 과도하게 하지 않는 것이다.

이웃들과 좋은 관계를 유지하는 것도 육체적 건강의 비결이다. 자기관리에 신경을 쓰는 것이 성숙한 물질성에 매우 중요하다.

그리고 물론 성숙한 물질성은 청교도의 금욕주의로도 치우치지 않고 문란한 성으로 치우치지도 않는 건강한 성 관념과 성생활을 포함한다. 건강한 성은 테크닉이나 성행위에 집착하지 않고 사랑에 집중한다. 이것이 이스라엘의 선지자들이 하나님과 이스라엘의 깊은 관계를 표현할 때 결혼의 이미지를 사용한 이유다. 남편과 아내의 관계만큼 자기 백성들을 향한 하나님의 열정적인 헌신을 잘 표현해 주는 관계도 없다. 그래서 하나님은 호세아를 통해 이스라엘 백성들에게 이렇게 말씀하셨다.

내가 네게 장가들어 영원히 살되 공의와 정의와 은총과 긍휼히 여김으로 네게 장가들며 진실함으로 네게 장가들리니 네가 여호와를 알리라(호 2 : 19-20)

이 '혼인 서약'은 다섯 가지 가장 중요한 헌신의 조건을 성경적인 단어로 표현하고 있다. 에베소서도 같은 이미지를 사용하여, 교회를 향한 그리스도의 사랑을 자신을 내어주는 희생적인 헌신으로 묘사한다.

> 남편들아 아내 사랑하기를 그리스도께서 교회를 사랑하시고 그 교회를 위하여 자신을 주심 같이 하라(엡 5:25)

이 이미지는 찬송가에서도 발견된다.

> 주 예수 강림하사 피 흘려 샀으니
> 땅 위의 모든 교회 주님의 신부라[1]

물론 이 이미지들은 옛 가부장 사회의 남성 주도와 지배의 분위기를 풍긴다. 이는 분명 잘못되고 구시대적인 것이다.[2] 그럼에도 이 이미지가 반복해서 사용되는 점은 주목할 만하다. 이 이미지는 자신을 내어주는 희생적인 헌신, 가장 깊은 형태의 헌신을 상징하기 때문이다. 이 이미지가 폭력과 학대의 현상으로 자주 왜곡된다고 해서 옛 이스라엘에 미친 긍정적인 영향을 무시할 수는 없다.[3]

성을 장기적이고도 자기희생적인 헌신으로 이해하면 우

리 사회의 상품화된 성 가치에서 벗어날 수 있다. 그런 의미에서 나디아 볼즈 웨버(Nadia Bolz-Weber)가 수치와 착취, 정복을 낳는 전통적인 성 가치로부터 벗어나는 '성 개혁'(sexual reformation)을 주창한 것은 정말 잘한 일이다.[4] 나아가 이런 '개혁'은 가톨릭 윤리신학자인 내 친구 조 맥과이어(Joe Maguire)가 말하는 '골반 신학'(pelvic theology)에서 벗어나게 해 준다. 골반 신학은 헌신이라는 관계적인 문제는 완전히 도외시한 채 성행위에만 집착하는 것을 지칭한다. '골반 신학'은 관계적인 헌신에 관한 고려는 일말도 없는 어린 남자애들의 야한 농담, 나아가 십대들의 하룻밤 문화와 성인들의 포르노 중독, 심지어 성매매와도 본질적으로 다를 바가 없다.[5] 성숙은 장기적인 헌신이 가장 중요하며 건강한 성에는 그런 헌신이 가득하다는 점을 인식하는 것이다.[6]

육체적 성숙은 '자기관리'와 '성'이라는 문제에만 국한되지 않는다. 먼저 바울의 시급한 명령을 보자.

> 그러므로 형제들아 내가 하나님의 모든 자비하심으로 너희를 권하노니 너희 몸을 하나님이 기뻐하시는 거룩한 산 제물로 드리라 이는 너희가 드릴 영적 예배니라(롬 12 : 1)

바울은 하나님께서 받으실 만한 제물로 성전 예배의 비유를 사용하고 있다. 전통적으로 제물은 짐승을 잡아서 바치는 것이었다. 화폐 사회에서는 적절한 현금을 드린다. 하지만 바울은 제물의 전통을 '너희 몸'으로 확장한다. 이는 '다가올 시대' 곧 하나님 나라의 삶을 위한 복음에 전인으로 헌신하는 것을 의미한다.[7] 따라서 인간의 몸, 곧 전인은 하나님의 새로운 법에 어울리는 새로운 행동을 갖추어야 한다.

계속해서 로마서 12장은 하나님 나라의 새로운 행동이 어떤 것인지를 소개한다. 1절이 '영적 예배'라는 말로 끝맺음하는 것으로 보아 바울이 육체와 영의 이원론을 생각한 것이 아니라는 점은 분명하다. 즉 '몸'(전인)이 '영적 예배'를 드린다. 그런데 N. T. 라이트(Wright)에 따르면 여기서 '영적'으로 번역된 단어는 '합당한'으로 번역하는 것이 더 적절하다. 그렇다면 "'몸'의 제사는 '생각하는' 피조물들이 합당하게 여겨야 하는 것이다."[8] 여기서 '생각하는 피조물들'은 믿음이 성숙한 사람들, 자기 몸의 의미와 투자에 대해 성숙하게 생각하는 사람들을 지칭한다. 합당한 몸의 제사를 드리는 '생각하는 사람들'은 계산에 밝은 실용주의자들이 아니다. 그들은 바울이 12장에서 계속해서 소개하는 그리스도의 급진적인 통치에 온전히 충성하는 이들이다. 요컨대 성숙한 물질성은 '새로운 체제'에 적합한 '새로운 행동'을 갖추는 것을 포함한다.

구체적으로 말하자면, 몸에 관한 성숙한 물질성은 베풂, 부지런함, 연민, 즐거움(8절), 진정한 사랑(9절), 서로를 향한 애정(10절), 소망, 인내, 기도의 열심(12절), 환대(13절), 조화로운 삶, 낮은 자들과의 어울림(16절), 남들과의 화목(18절), 복수하지 않기(19절), 적에 대한 베풂(20절)으로 이루어져 있다.

바울이 말한 하나님의 은혜에 깊이 뿌리를 내린 이들은 세상의 길과 철저히 배치되는 이 훌륭한 행동들을 지극히 당연하게 여긴다. 성숙한 몸은 세상과 다르게 사용되어야 한다. 따라서 하나님께 몸을 제물로 드리는 것은 하나님의 은혜로 우심이라는 세상과 완전히 다른 윤리에 따라 이웃에게 은혜롭게 구는 것을 의미한다. 현대인들이 자기관리와 성에 너무 집착하는 측면이 있기는 하지만, 건강한 자기관리와 건강한 성은 둘 다 몸의 제물에 포함된다. 윤리는 로마서 이후에 나오는 바울의 서신들과 일반서신들에서도 나타난다.

몸의 제물은 교회에서 세례를 통해 상징적으로 보여 주는 것처럼 자신을 새롭게 하는 것을 의미한다.[9] 실제로 에베소서는 세례 때 새 옷을 입는 것처럼 새사람을 입는 비유를 사용한다.

너희는 유혹의 욕심을 따라 썩어져 가는 구습을 따르는 옛 사람을 벗어 버리고 오직 너희의 심령이 새롭게 되어 하나님을 따라 의와 진리의 거룩함으로 지으심을 받은 새사람을 입으라(엡 4 : 22-24)

새로워진 사람은 옛 사람의 방식을 버린다.

음행과 온갖 더러운 것과 탐욕은 너희 중에서 그 이름조차도 부르지 말라 이는 성도에게 마땅한 바니라 누추함과 어리석은 말이나 희롱의 말이 마땅치 아니하니 오히려 감사하는 말을 하라(엡 5 : 3-4; 4 : 31; 골 3 : 5-14)

새사람은 다음과 같은 명령을 온전히 따를 수 있다.

서로 친절하게 하며 불쌍히 여기며 서로 용서하기를 하나님이 그리스도 안에서 너희를 용서하심과 같이 하라(엡 4 : 32)

갈라디아서에서는 옛 사람(몸)과 새사람(몸)을 '육체의 일'과 '성령의 열매'로 표현한다.

육체의 일은 분명하니 곧 음행과 더러운 것과 호색과 우상 숭배와 주술과 원수 맺는 것과 분쟁과 시기와 분냄과 당 짓는 것과 분열함과 이단과 투기와 술 취함과 방탕함과 또 그와 같은 것들이라……오직 성령의 열매는 사랑과 희락과 화평과 오래 참음과 자비와 양선과 충성과 온유와 절제니(갈 5 : 19-23)[10]

바울은 새사람의 새 삶을 다음과 같이 정리한다.

온 율법은 네 이웃 사랑하기를 네 자신 같이 하라 하신 한 말씀에서 이루어졌나니……너희가 짐을 서로 지라 그리하여 그리스도의 법을 성취하라(갈 5 : 14; 6 : 2)

'영적 예배'를 드리는 몸은 이웃의 안녕에 바쳐진 몸이다. 따라서 성숙한 몸은 자신만을 위해서 사는 옛 몸과 대조를 이룬다. 성숙한 몸이 자신만을 위한 것이 아니라고 이해하면 자기관리와 성을 대하는 태도가 달라진다.

몸의 성숙한 물질성은 자기 집착에서 벗어나 자신을 정치적 몸(body politic)의 일부로 본다. '정치적 몸'이란 공동의 삶, 공동의 경제, 공동의 법과 정책으로 이루어진 영역이다. 성숙한 몸은 책임감 있는 시민으로서 그 영역에 참여해야 한다. 안타깝게도 기독교 영성이 점점 개인화로 치닫고 있다. 하지만 건강한 영성을 지닌 사람이라면 공적 영역에 적극 참여해야 한다.

그 결과, 성숙한 몸은 자신과 자기 이웃의 개인적인 행복을 침해하는 정책과 공적 관행을 꿰뚫고 있어야 한다. 돈의 흐름을 알아야 한다. 돈이 개인들의 삶에 어떤 영향을 미치고 있는지 알아야 한다. 그것을 알면 하나님의 통치 및 뜻과 관련된 중요한 공적 문제들, 우리 이웃의 행복과 지역사회의 생존에 영향을 미치는 공적 문제들이 눈에 들어온다. 미성숙한 몸은 교회라는 온상에서만 자란 탓에 권력 시스템에 관해서 전혀 모른다. 미성숙한 몸은 법과 정책, 집단의 힘이 인간 성향을 왜곡시키고 있는지 혹은 공익을 증진시키고 있는지에 관해서 너무도 모른다. 우리 사회에서는 왜곡과 공익의 문제를 무엇보다도 '아메리칸 드림'에서 가장 분명하게 볼 수 있다. 아메리칸 드림은 사실상 기독교 신앙과 별로 상관이 없는 드림이다.

타 네히시 코츠(Ta-Nehisi Coates)만큼 아메리칸 드림을 신랄하게 분석한 인물도 없다. 그는 "미국을 다시 위대하게 만들자"라는 현재의 슬로건을 포함해서 아메리칸 드림을 유지하기 위해 막대한 노력이 들어가고 있음을 정확히 간파하고 있다. 그의 말을 들어보자.

수많은 미국인들이 이 드림(꿈)을 유지하기 위해 목숨까지 던질 준비가 되어 있다. 학교들이 실패와 파괴를 정당화하기 위해 만들어졌다고 직접적으로 말하는 사람은 아무도 없었다. 하지만 교육자들이 악한 무책임이 판을 치는 국가에서 '개인적인 책임'을 읊어왔다. '의도'와 '개인적인 책임'이란 언어의 목적은 광범위한 면죄부다. 실수를 했고 사람들을 노예로 전락시켰지만 원래 의도는 좋았다는 뜻이다. 최선을 다했다는 뜻이다. '좋은 의도'는 역사를 통과하는 자유통행권이요 아메리칸 드림을 보장해 주는 수면제다.[11]

아메리칸 드림은 일반화가 만연한 곳, 가능한 질문의 숫자를 제한하는 곳, 즉각적인 답에 상을 주는 곳에서 번영한다. 아메리칸 드림은 모든 예술과 용감한 생각, 정직한 글쓰기의

적이다.[12]

코츠는 아메리칸 드림이 특정 집단의 이익을 대변하는 허구이지만 여전히 많은 사람에게 먹혀들고 있다는 점을 간파하였다. 또한 아메리칸 드림을 인종주의에 물든 미국의 현실과 연결시키고 있다.

약탈의 유산, 법과 전통의 결합, 아메리칸 드림은 프린스 존스(Prince Jones)를 살해했을 뿐 아니라 노스 론데일(North Lawndale)에서 매일같이 흑인들을 살해하고 있다. '흑인에 대한 흑인의 범죄'는 허튼소리다. 언어에 대한 폭력이다. 계약서들을 작성하고 대출금을 내고 프로젝트들을 계획하고 도로를 짓고 붉은 잉크를 통에 담아 팔던 이들을 없애버리는 언어다. 그리고 이는 전혀 뜻밖의 일이 아니다. 흑인 생명의 약탈은 처음부터 이 나라의 일부였고, 이 나라의 역사 내내 더욱 심해져만 왔다. ……백인처럼 굴고 백인처럼 말하고 백인으로 존재하려는 드림이 프린스 존스를 살해했을 뿐 아니라 매일같이 시카고의 흑인들을 살해하고 있다.[14]

내가 코츠의 글을 이렇게 많이 인용한 것은 영성에만 집착하는 '순수한' 기독교는 공공 영역에서 지속되고 있는 잔인한 육체적 현실을 올바로 판단할 능력을 기르지 못했기 때문이다. 하지만 성숙한 몸은 불의한 현실에 관심을 가진다. 코츠는 자신의 분석을 몸이라는 주제와 밀접하게 연결시키고 있다.

남북전쟁이 발발할 당시 훔침을 당한 우리의 몸은 40억 달러 가치에 달했다. 미국 산업 전체, 그러니까 미국의 모든 철도와 공장을 합친 가치보다도 더 높았다. 훔침을 당한 우리의 몸이 생산한 주된 생산품(목화)은 미국의 주된 수출 품목이었다. 미국의 최대 부자들은 미시시피 강 골짜기에서 살았는데, 그들은 우리의 몸을 훔쳐서 부를 쌓았다. 초기 대통령들은 우리의 몸을 속박했다. 제임스 K. 포크(James K. Polk)는 백악관에서 우리의 몸을 거래했다. 우리의 몸은 국회의사당과 내셔널 몰(National Mall)을 세웠다. 남북전쟁의 첫 총성은 우리의 몸이 인간 몸의 대부분을 차지했던 사우스캐롤라이나 주에서 울렸다. 이것이 큰 전쟁의 동기다. 이는 전혀 비밀이 아니다.[15]

물론 몸에 대한 이런 잔인한 강탈은 노예 해방령과 함께 끝나지 않았다.[16] 이런 강탈은 경찰의 무자비한 행위, 금융 조작, 투표자 억압을 통해 계속되고 있다. '영적 예배'로 '산 제물'이 된 현대의 몸들은 우리의 정치적 몸에 만연한 이런 '몸 강탈'을 용인하지 않는다. '영적 예배'로 하나님께 바쳐진 몸들은 이런 잔인한 관행에 참여하지 않을 뿐 아니라 계속해서 이런 아메리칸 드림을 추구하는 기관들과 정책들을 변화시키는 적극적인 저항에 참여한다. 그런 몸들은 아메리칸 드림을 근본적으로 뜯어 고치기 위해 매일같이 이웃 사랑의 고된 길을 걷는다. 몸 강탈이 지금까지 이어져 오는 아메리칸 드림의 한 측면으로써 오랫동안 유지되어 왔다는 사실에 대한 분명한 인식이 있기 전까지는 변화가 불가능하다.

일반적인 관행과 정책을 통해 몸 강탈이 매일같이 자행되고 있다. 이 현실에 저항하는 길고 고된 노력을 위한 발판과 세력을 어떻게 마련해야 할까? 이는 지금 우리가 시급하게 던져야 하는 질문이다. 교회 안에서 발견되는 답은 물론 '그리스도의 몸'이다. 그리스도의 몸은 본질적으로 '정치적 몸'과 충돌한다. 교회가 그리스도의 몸이라는 대담한 정의는 신약 곳곳에서 발견되는 개념이다.

이와 같이 우리 많은 사람이 그리스도 안에서 한 몸이 되어 서로 지체가 되었느니라(롬 12:5)

또 만물을 그의 발 아래에 복종하게 하시고 그를 만물 위에 교회의 머리로 삼으셨느니라 **교회는 그의 몸이니** 만물 안에서 만물을 충만하게 하시는 이의 충만함이니라(엡 1:22-23)

이는 성도를 온전하게 하여 봉사의 일을 하게 하며 **그리스도의 몸을 세우려** 하심이라(엡 4:12)

그리스도께서 교회에게 함과 같이 하나니 우리는 그 몸의 지체임이라(엡 5:29-30)

몸의 비유는 신자들의 공동체가 다양한 부분들로 이루어진 살아 있는 유기체임을 시사한다. 이 부분들이 서로 연결되어 하나의 생명체를 이룬다. 한편으로, 그리스도가 '몸의 머리'라는 것은 예수님이 몸을 위해 생각하신다는 뜻이다. 다시 말해, 예수님의 몸 전체가 나아갈 방향과 확신을 주신다는 것이다. 또 한편으로, 몸의 부분인 각각의 지체들은 생존과 효과성을 위해 서로 연결되고 서로를 의존한다.

불행히도 '프로테스탄트 개인주의'(Protestant privatism)는 다른 이웃들은 물론이고 다른 교인들도 '내 신앙'과 전혀 상관이 없고 신앙은 오로지 '나와 예수' 사이의 문제라고 말한다. 하지만 성경 속 몸의 비유는 우리가 이런 오류에 빠지지 않게 해준다. 동시에, '그리스도의 몸'이란 비유는 규칙과 형식, 교인 차트가 교회의 전부라는 조직화된 교회의 '제도적 환원주의'(institutional reductionism)로 흐르지 않게 해준다. 이런 환원주의는 권위를 얻기 위한 다툼, 그리고 결국 독단으로 이어진다.

이와 달리 '몸'의 비유는 '다소 연약한 지체들'을 포함한 모든 지체가 머리의 명령에 따라 움직이는 몸의 온전한 기능을 중요시 여긴다는 뜻이다. 이는 우리가 서로에게 속했다는 의미이다. 결국 이는 우리가 앞서 성을 논할 때 이야기한 헌신의 또 다른 차원이다.

성경의 여러 편지에서 나타나는 '몸'에 관한 이런 선언은 서로 연결되고 서로 의존하며 서로에게 '사랑 안에서 참된 것'(엡 4:15)을 말해 줄 수 있는 지체들의 집합이라는 교회의 특징을 말하고 있다.[17] 하지만 서간문들을 계속해서 보면 이 몸은 자신의 행복을 위해서 존재하지 않는 것을 알 수 있다. 몸은 이웃들을 위하지 않는 옛 방식과 상반된 이웃 사랑을 통해 새로운 복음의 세상을 펼치기 위해 존재한다. 몸은 그리스도의 일에 전적으로 헌신하고, 그리스도에게 의존하며 그리스도에 의해 지탱된다. 디트리히 본회퍼(Dietrich Bonhoeffer)는 이렇게 묻는다. "우리를 위해 이 모든 일을 해주신 그리스도의 몸에 어떻게 참여할 수 있는가? ……답은 그분 몸의 두 성례 즉 세례와 성찬을 통해서다."[18]

지체들이 정기적으로 모여 상징적으로 그리고 실질적으로 그리스도의 몸을 받는 성찬은 그리스도와의 육체적 연합을 상징한다(마 26:26; 고전 11:24). 빌러(Bieler)와 쇼트로프(Schottroff)는 성찬에 관한 가장 설득력 있는 강해를 썼다. 그에 따르면 성찬은 그리스도의 미래로 들어가 그 미래의 육체적 현실에 주목하는 종말론적 상상의 행위다. "종말론적 상상은 생명에 필요한 자원들의 파괴와 가난을 규탄하는 약자들의 목소리에 귀를 기울이는 소망의 행위다."[19]

바울은 성찬을 '그(주)가 오실 때까지' 계속하라고 명령한다(고전 11:26). 성찬은 실패한 옛 세상이 아닌 부활한 삶을 위한 새 세상을 기대하는 식사 자리다. 많은 교회에서 이런 기대감이 사라졌다. 하지만 성숙한 물질성을 통해 이 기대감을 회복할 수 있다. 이 기대 속에서 성찬 참여자들은 자신들이 참여할 미래를 위해 분투한다.

예수님은, ……두 경제의 한복판에서 이루어지는 생명의 떡을 위한 분투를 아신다. 가난과 부에 관한 이슈들은 성찬적 삶을 위협하고 방해하며, 성찬을 축하하는 방식에 영향을 미친다.

……'호모 오이코노미쿠스'(Homo oeconomicus : 경제적 인간)의 영역은 돈을 위해 재화를 교환하는 시장 교환이다. 이 교환은 생산자들과 소비자들 사이의 추상적인 관계들을 만들어 낸다. 이는 개인 혹은 공동체의 기본적 필요를 채워 주는 것이 아닌 돈을 불리고 쌓는 것을 기반으로 한 관계들이다.

……우리는 성찬 행위를 통해 '호모 오이코노미쿠스' 이론의 논리와는 다른 행위를 추구한다. 이 새로운 행위는 시장 교환의 논리만이 경제에 참여하는 합리적인 혹은 '자연스러운' 방식이라는 세계관을 뒤흔든다. 두 경제가 보여 주는 다른 형태의 경제적 상상들에 관심을 기울이면 경제적 거래와 성찬이 품고 있는 거룩한 의식(sacramental permeability)을 더 깊이 이해할 수 있다.[20]

종말론적 상상으로서의 성찬은 시장 이데올로기의 주장들을 거부한다. 이런 이유로 인하여 떡을 다른 방식으로 받는

다.[21] 즉, 찢어서 나눈다. 이렇게 찢어진 성찬의 떡을 우리는 찢어진 모든 이들, 불가해한 생명의 선물을 함께 나누는 모든 이들을 위한 미래를 기대하며 먹는다. 우리가 이러한 '찢어진 몸'에 참여할 때 개인적인 떡만 추구하는 옛 세상에 저항할 수 있게 되는 것이다.[22]

마지막으로, 성숙한 물질성은 우리가 죽는다는 사실을 인정하는 것이다. 우리의 몸은 일시적이다. 우리 문화 속에 가득한 불멸의 환상은 노화를 막아 우리를 건강하고 젊게 유지시켜 주는 신제품이 나올 것이라는 기대에서 비롯한다. 성숙한 물질성은 그런 환상을 품지 않고 좋은 죽음을 준비한다. 이는 체념이 아니다. 오히려 소망의 행위다. 성숙한 물질성은 부활하신 그리스도를 따라 몸이 부활할 것을 기대하며 사는 것이기 때문이다. 영성에 대한 오해는 우리에게 죽지 않는 뭔가가 있다는 불멸에 대한 환상을 낳았다. 그러므로 우리가 믿어야 할 것은 찢어진 빵을 주시는 분이 생명의 주요 우리 미래의 주라는 사실이다. 성숙한 물질성은 하나님의 나라가 '가까이', 지금 우리 중에 온 것처럼 살아가는 것이니까 말이다 (막 1 : 14-15).

제4장

시간

time

안식일이 사람을 위하여 있는 것이요

사람이 안식일을 위하여 있는 것이 아니니

_ 마가복음 2:27

바리새인들은 자신들의 일정을 통제했다. 자신의 일정을 통제한다는 것은 보통 일이 아니다. 특히 오늘날처럼 치열하게 경쟁하는 시대에는 더더욱 그렇다. 하지만 사실 바리새인들은 자신들의 일정을 통제한 것이 아니다. 오히려 반대로, 일정이 그들을 통제했다. 특정한 날에 무엇을 하고 무엇을 하지 말해야 하는지 그대로 따라야만 했다. 이렇게 일정표의 지배를 받는 것은 우리 어머니를 비롯한 옛날 주부들도 별반 다르지 않았다. 예를 들어, 월요일은 세탁하는 날, 화요일은 다림질하는 날과 같은 식이다. 바리새인들이 안식일에 예수님의 제자들이 행한 행동을 눈여겨보고 거칠게 비난한 것도 무리는 아니다. 그들은 제자들이 안식일에 한 행동이 일정표의 금지 조항들을 어긴 것임을 금방 알아차렸다. 제자들은 '이삭을' 잘랐고(막 2:23), 그 '일'은 분명 안식일을 어긴 것이었다.

예수님은 안식일의 수호자들과 논쟁을 시작하셨다. 예수

님은 제자들의 안식일 '위반'을 옹호하셨다. 그분은 안식일의 규칙들이 나쁜 것이라거나 제자들이 안식일에 뭐든 맘대로 해도 된다고 말씀하시지는 않았다. 다만 ('인자'로서) 그분의 목적이 안식일의 규칙들에 우선한다고 말씀하셨다. 제자들은 "하나님의 나라가 온 것처럼 행동해야" 했다.[1] 이는 인간의 행복을 위해, 육체적 굶주림을 해결하기 위해 행동해도 되고, 행동해야 한다는 뜻이다. 한편으로, 예수님을 적대시하는 이들 앞에서 안식일을 철저히 새롭게 정의하셨다. 또한 모세의 안식일 명령이 의미하는 이면의 의도를 상기시키셨다. 그 의도는 언약 공동체의 자유와 행복이었다.

예수님은 마가복음 3장 1~6절에서 눈앞에 있는 사람의 마른 손을 고쳐 주시며 안식일을 회복시키셨다. 예수님이 구현하신 하나님의 새로운 통치 아래서는 안식을 포함한 모든 시간이 인간의 회복을 위한 시간이다.

분명 안식일은 성숙한 물질성의 시간 측면에서 매우 중심이 되는 문제다. 안식일은 모든 시간 중에서 가장 중요한 시간이다. 주중의 6일은 모두 안식일을 향한다. 피조물만 그런 것이 아니라 창조주에 대해서도 마찬가지다(창 2:1-4 전반부). 출애굽기 31장 17절은 일곱 번째 날에 창조주께 어떤 일이 일어났는지를 말해 준다. 그날 창조주는 쉬셨다. 그런데 역본은 하나님이 '쉬셨다'고 말하지만, '쉬셨다'로 번역된 히브리어 단어는 '자아'(self)에 해당하는 단어(네페쉬)의 동사 형태다. 다시 말해, 하나님은 창조의 고된 작업 후에 '자아 회복'을 하셨다. 마찬가지로, 약탈적인 경제 속에서 6일 동안 극심한 생존 경쟁에 시달리다 보면 인간의 자아는 고갈된다. 일곱째 날은 인간 자아에 대한 회복, 축하, 재조정, 긍정을 위한 날이다. 마가복음 2장 23~28절에서 안식일 회복은 '식사'를 통해 이루어진다. 마가복음 3장 1~6절에서는 '치유'를 통해 안식일이 회복된다. 그렇게 안식일의 쉼은 자아의 행복을 위한 기본적이고도 필수불가결한 요소가 된다.

현대인들은 끝없이 바쁜 삶으로 안식일을 없애버리기를 원한다. 1년 365일 24시간 내내 온라인에 연결되어 있고, 안식일에도 스포츠 경기를 보러 가느라 진정한 쉼을 누리지 못한다. 그 결과, 인간적인 마음이 마비되고 인간의 참된 아름다움이 사라진다. 바로가 다스리던 옛 애굽에서도 이런 상황이 벌어졌다. 그 체제 아래서는 바로의 끝없는 생산 요구에 도무지 쉴 틈이 없었다.[2] 그러다 시내 산에서 모세는 바로의 열 가지 명령에 저항하는 열 가지 규칙을 내놓았다. 그것은 이웃을 배려하는 새로운 경제를 위한 열 가지 가이드라인이다(출 20:1-17). 이 새로운 십계명의 중심에는 안식일이 있다(8-11절). 모세는 바로의 끝없는 요구에 저항하려면 강력한 규율이 필요하다는 점을 이해했다.

그때만큼이나 지금도 안식일 준수는 상품화된 경제의 끝없는 생산과 소비 요구에 대한 저항이요 거부다. 옛 이스라엘 백성들처럼 안식일을 지킬 때 우리는 상품에 대한 끝없는 탐욕에 더 이상 부응하지 않겠다고 선언하는 것이다. 그 옛날, 안식일은 생산의 굴레를 풀었다. 지금 우리 세상에서 안식일은 피곤한 세상과는 다른 하나님의 새로운 통치 속으로 우리를 초대한다. 안식일 준수는 예수님이 우리 시간의 주인이며 그분의 목적이 우리의 일정보다 중요하다는 믿음을 실천하는 것이다.

성숙한 물질성으로 안식일을 이해하면 하나님의 새로운 통치에 따라 우리의 모든 시간이 완전히 달라진다. 그래서 시편 기자는 이렇게 선포할 수 있었다. "나의 앞날(시간)이 주의 손에 있사오니"(시 31:15). 내 모든 시간! 우리의 모든 시간! 안식일만이 아니라 우리의 모든 날! 성숙한 물질성은 모든 시간이 하나님의 선물이라는 점을 깨닫는 것을 포함한다. 모든 시간은 시간을 주시는 거룩한 분께 반응해야 하는 시간이다. 모든 시간은 시간을 주시는 하나님처럼 이웃과 나누는 삶을 실천할 기회다.

시편 기자의 선포는 위기의 한복판에서 이루어졌다. 매우 절박한 상황에 처해 있었다. 이는 나 자신이 위협을 다룰 힘이 없다는 고백의 선포다. 나아가 내 모든 시간이 제도와 타인의 손에 있지 않다는 기쁨의 고백이기도 하다. 나를 해치려는 자들이 내 시간과 삶을 통제하지는 못한다. 성숙한 물질성은 모든 날이 선물이기 때문에 모든 날이 반응과 의무를 위한 날이라는 사실을 인식하는 것이다. 한편으로, 이런 인식은 '멋대로 하는 자율'을 버리게 만든다. 다른 한편으로, 이런 인식은 바로나 바리새인들이나 소비 경제가 '강요하는 요구들'을 거부하게 만든다.

성숙한 물질성은 모든 시간을, 회복시키는 하나님의 임재 안에서 자유롭게 행복을 추구하고 인간들의 굶주림을 채워 주고 잃어버린 건강을 회복시킬 수 있는 시간으로 여기는 것이다. 그래서 시편 기자는 다음과 같이 고백할 수 있었다.

주를 두려워하는 자를 위하여 쌓아 두신 은혜 곧 주께 피하는 자를 위하여 인생 앞에 베푸신 은혜가 어찌 그리 큰지요 주께서 그들을 주의 은밀한 곳에 숨기사 사람의 꾀에서 벗어나게 하시고 비밀히 장막에 감추사 말다툼에서 면하게 하시리이다 (시 31:19-20)

모든 시간은 하나님의 손 안에 있다. 그런 의미에서 성숙한 물질성은 무슨 시간인지를 정확히 아는 것을 포함한다. 시계에서 몇 시인지가 아니라 선한 창조주의 통치 아래서 무슨 시간인지를 알아야 한다. 모든 시간이 하나님의 손 안에 있다고 고백하고 나면 시간들을 서로 구별하여 특정한 시간에 무엇이 중요하고 적절한지를 알 수 있다.

성숙한 물질성을 실천하는 사람은 시간들을 구별할 수 있다(마 16:3). 이는 전도서 3장 1~8절에 기록된 '시기에 관한 낭독'에서 도움을 받을 수 있다. 말씀에서 모든 것에는 적절한 때가 있다고 한다. 그리고 모든 시간은 창조주의 창조 질서 안에 있다. 시블리 타우너(Sibley Towner)는 인간이 어떻게 할 수 없는 첫 번째 짝인 탄생과 죽음(2절) 외에 시간의 모든 짝들은 도덕적인 선택을 요구한다고 말한다.[3] 나중에 살펴보겠지만, 과학 발전과 문화적 시각 변화의 관점에서 보면 심지어 탄생과 죽음조차도 도덕적 선택을 필요로 한다. 전도서가 고백하는 '시기에 관한 낭독'은 각 때가 어떤 때이며 그때에 무엇이 적절한지에 관한 관심과 분별을 요구한다. 여기서 그 일부를 살펴보고자 한다.

3장 2~3절의 세 짝을 하나의 세트로 볼 수 있다.

심다/뽑다

죽이다/치료하다

헐다/세우다

이 세 짝은 일종의 교차대구법으로 이루어졌다. 즉 각각 부정적인 단어인 '뽑다'와 '헐다'와 짝을 이루는 긍정적인 단어 중 '심다'는 앞에 나오고 '세우다'는 뒤에 나온다. 세 부정적인 단어(뽑다, 죽이다, 헐다)는 어떤 것의 슬프고도 파괴적인 끝을 말하는 반면, 세 긍정적인 단어(심다, 치료하다, 세우다)는 손상되거나 잃은 것의 회복이나 새로운 시작을 말한다. 세 부정적인 단어는 뭔가를 끝내고 버려야 하는 현실을 말한다.[4] 소중히 여기던 것을 '버려야' 할 때가 있다. 반대로, 긍정적인 단어들은 잃어버리거나 존재하지 않는 뭔가를 이제 새롭게 시작할 수 있다는 뜻이다. 우리의 통제권이나 사고 밖에 있는 것을 '받아야' 할 때가 있다.

예레미야서에서는 이 단어들 중 첫 번째 짝과 세 번째 짝이 자주 반복되면서(1:10; 18:7-9; 31:28; 45:4) 라이트모티프(leitmotif, 동기) 역할을 한다. 부정적인 단어들은 예루살렘, 성전, 유다 다윗 왕조의 파괴와 멸망을 지칭한다. 예레미야는 (바벨론 군대가 가져온) 이 파괴적인 끝을 여호와의 역사로 여겼다. 하나님께 선택된 도시, 선택된 성전, 선택된 왕의 '끝'을 의도하셨다. 반면, 예레미야는 예루살렘과 유대의 '불가해한 회복'과 (바사인들에 의한) 성전 재건을 여호와의 뜻으로 보면서 '심다'와 '세우다'란 단어들을 사용한다.

예레미야의 이 어법을 신약에 적용하면 '뽑다, 헐다'가 예수님의 십자가 죽음을 지칭한다는 것을 알 수 있다(요 2:19-22). 반면, '심고 세우다'는 예수님의 놀라운 부활을 지칭한다. 기독교 신앙은 이 끝과 시작을 중심으로 이루어진다. 따라서 우리는 '성금요일의 슬픔'에 참여할 때와 '부활절의 기쁨'에 참여할 때를 분간할 수 있어야 한다.

우리는 성숙한 물질성의 일환으로, 지금 무엇이 뽑히고 헐어지고 있는가 하는 질문을 던져야 한다. 분명 인종, 계급, 성,

백인 민족주의라는 폭력적인 이데올로기들이 극심한 비판과 공격을 받고 있다. 반면, 우리와 다른 이웃들을 사랑해 주는 다문화주의라는 새로운 사회적 가치가 심겨지고 세워지고 있다. 성숙한 물질성을 지닌 사람은 무엇이 끝나고 있는지와 무엇이 복음에 따라 새롭게 나타나고 있는지를 둘 다 분간할 수 있다.

전도서 3장의 단어 짝들 중에 7절의 '잠잠하다'와 '말하다'도 같은 이치이다. 아모스 선지자는 침묵의 지혜를 발휘해야 할 때가 있다고 말한다.

> 그러므로 이런 때에 지혜자가 잠잠하나니 이는 악한 때임이니라(암 5:13)

하지만 지금과 같은 격변 속에서 우리가 말해야 할 때 침묵하는 경우가 너무 많은 것도 사실이다. 비겁한 침묵은 저항하고 바꿔야 할 사회경제적 질서에 공모하는 것이나 다름없다.[5] 진실을 말해야 할 때 위험을 무릅쓰고 목소리를 높일 수 있어야 한다. 성숙한 물질성을 지닌 사람은 '말할 때'가 있다는 사실을 분명히 알고서 위험해도 용기를 내어 목소리를 높인다.

4절의 두 단어 짝들은 '울다/웃다'와 '슬퍼하다/춤추다'이다. 누가복음의 팔복 기록에서는 이 단어 짝들이 특별한 의미를 지닌다.

지금 우는 자는 복이 있나니 너희가 웃을 것임이요……화 있을진저 너희 지금 웃는 자여 너희가 애통하며 울리로다(눅 6:21, 25)

여기서 '시기들'은 '지금'과 '곧'이다. 지금의 물질적인 상황만 보면 잘 사는 사람들은 현재의 사회적 상태를 좋아하고 그 안에서 최대한 행복과 웃음을 누리면서 지금의 상태가 영원히 지속되기를 갈망할 수 있다. 동시에, 뒤처지고 소외된 사람들은 음식이나 집, 건강을 잃은 것에 울 수밖에 없다. 그런데 누가에 따르면 예수님은 하나님의 나라가 올 때 이루어질 부의 거대한 역전을 예상하셨다. 지금 웃는 사람들은 곧 상실을 경험함으로 울게 되고, 지금 우는 사람들은 곧 새로운 상황에 행복해할 것이다(미 2:4). 전도서의 진술이 도덕적으로 중립적으로 보이지만, 예수님이 '지금/곧'을 더하시면서 현재의 상황에 너무 집착하지 말아야 할 도덕적 의무가 발생한다. 현재의 상황은 하나님의 새로운 세상에서 완전히 뒤바뀔 것이기 때문이다. 시편 기자의 표현을 빌자면 다음과 같이 된다.

저녁에는 울음이 깃들일지라도 아침에는 기쁨이 오리로다……주께서 나의 슬픔이 변하여 내게 춤이 되게 하시며 나의 베옷을 벗기고 기쁨으로 띠 띠우셨나이다(시 30:5, 11)

이 말씀은 '지금 우는' 사람들의 진술이다. 그들은 긴 고통 속에서 살고 있다. 하지만 영원히 그렇지는 않을 것이다. 오래지 않아 상황이 달라질 것이다. 기쁨이 찾아올 것이다. 셀마 행진을 위한 연설에서 마틴 루터 킹(Martin Luther King)은 고난의 시절에 대한 반응이 무엇인지를 잘 보여 준다.

"정의가 언제까지 십자가에 달리고 진리가 십자가형을 당해야 하는가?" 오늘 오후 저는 여러분에게 선포합니다. 이 순간이 아무리 힘들어도, 이 시간이 아무리 답답해도, 오래 가지는 않을 것입니다. 왜냐하면 진리는 짓밟혀도 다시 일어서기 때문입니다. 언제까지? 그리 길지 않을 것입니다. 어떤 거짓도 영원하지는 않기 때문입니다. 언제까지? 그리 길지는 않을 것입니다. 누구나 뿌린 대로 거두기 때문입니다. …… 언제까지? 그리 길지는 않을 것입니다. 도덕적 우주의 포물선은 길지만 정의를 향하여 기울어져 있기 때문입니다.[6]

눈앞에 펼쳐진 암울한 상황에서 나온 이런 고백은 운명을 바꾸실 수 있고 실제로 바꾸시는 하나님의 강력한 통치를 온전히 믿을 때 가능하다.

여기에 전도서 짝을 한 가지 더할 수 있으리라. 느리게 가야 할 때가 있고 속도를 내야 할 때가 있다.

서둘러야 할 때가 있다. 이스라엘은 바로의 애굽을 '서둘러' 나왔다(출 12:11, 신 16:3; 사 52:12). 목자들은 베들레헴의 경이를 보기 위해 '서둘러' 갔다(눅 2:16). 삭개오는 예수님께 식사를 대접하기 위해 '급히' 갔다(눅 19:6). 시편 기자는 토라를 '신속히' 지켰다(시 119:60). 하지만 서두르는 것이 무모하고 자멸적인 태도일 때도 있다.

충성된 자는 복이 많아도 속히 부하고자 하는 자는 형벌을 면

하지 못하리라(잠 28:20)

이사야는 빨리 큰돈을 벌려는 성급함이 아닌 '느린' 것이 충성된 사람의 옳은 태도라고 말한다. 탐욕스러운 걱정에 사로잡히지 않은 사람은 서두르지 않는다. "믿는 이는 다급하게 되지 아니하리로다"(사 28:16).

이전에 이사야는 군대의 공격에 관해 경고하면서 "노략과 약탈이 속히 온다"라는 이름을 가진 아이를 언급했다(사 8:1). 그는 적군의 공격에 겁에 질린 왕을 나무라며 "믿음으로 굳게 서라"고 강권했다(사 7:9). 믿음은 근심으로 인한 서두름의 대안이다. 이런 이유로 하나님의 다스리심을 믿는 이들은 두려움에 빠져 자멸적인 행동으로 치닫지 않는다.

너희가 돌이켜 조용히 있어야 구원을 얻을 것이요
잠잠하고 신뢰하여야 힘을 얻을 것이거늘(사 30:15)

이사야는 위협 앞에서 침착하라고 권면한다. 그리고 자멸적인 행동으로 성급하게 달려가는 상황을 묘사하며 그들을 이해시킨다.

"아닙니다. 우리는 말을 타고 도망가겠습니다."

도망가려거든 어서 가려무나.

"우리는 날랜 말을 타고 도망가렵니다."

그래봐야, 너희를 뒤쫓는 자들이 더 날래리라.

한 사람의 고함에 천 명이 넋을 잃고

다섯 사람의 고함에 너희는 모두 도망치리라.

결국 너희는 산꼭대기에 남은 외로운 깃대, 언덕 위에 홀로 남은 신호대처럼 되리라. (사 30:16-17, 공동번역)

시인 이사야는 이스라엘 백성들이 걱정에 사로잡히리라 예상했던 것이다.

'느림/속도'의 문제는 우리 시대에 시급한 문제다. 마크 C. 테일러(Mark C. Taylor)는 시장의 이데올로기는 속도와 효율성을 가장 중요한 가치로 만들었다고 말한다.[7] 이런 서두름이 전통, 문화, 기억, 인간성과 이웃 관계에 미치는 악영향은 실로 막대하다. 속도는 상품화와 짝을 이룬다. 한편, 칼 오너리(Carl Honore)는 빠름에 대한 애찬에 이의를 제기하며 '느림의 가치'를 숙고하기 시작했다.[8] 그는 과거 영국 해군의 시간 통제에 주목했다. "(권력자가) 사람들에게 해야 할 일을 명령하는 것은 시간을 명령하는 것과 밀접한 관계가 있었다."[9]

서둘러야 할 때와 기다려야 할 때가 있다. 하지만 우리 사회에서 추가 어디로 기우는지는 분명하다. 1년 365일 24시간 내내 온라인에 연결되어 정신없이 살아가는 우리 사회에서는 느림 쪽이 더 강조되어야 한다. '속도'는 언제나 '상품화'의 편인 반면, '느림'은 언제나 '이웃과 더불어 사는 삶'의 편이다.

마지막으로, 19세기 독일 경건주의자들인 블룸하르트(Blumhardts), 요한(Johann), 크리스토프(Christoph)는 "서두르고 기다리라"라는 명언으로 '느림/속도'의 문제를 명쾌하게 정리했다. '기다림'은 성숙한 물질성에 매우 중요한 기술이다.

오직 여호와를 앙망하는(기다리는) 자는 새 힘을 얻으리니
독수리가 날개 치며 올라감 같을 것이요
달음박질하여도 곤비하지 아니하겠고
걸어가도 피곤하지 아니하리로다(사 40:31)

전도서 3장 2절의 첫 단어 짝인 '태어나다/죽다'로 돌아가

보자. 앞서 나는 이 단어 짝에도 분명한 도덕적 차원이 있다고 말했다. 탄생과 죽음의 문제에 대해서도 도덕적 기능을 발휘하는 것이 이제 가능하다(그리고 그것에 관해 생각할 수 있게 되었다). 탄생에 관한 도덕적 차원은 곳곳에서 논의되고 있다. 그래서 여기서는 '죽을 때'의 윤리를 이야기해 볼까 한다.

바바라 에런라이크(Barbara Ehrenreich)를 통해 이 문제를 살펴보자. 그녀는 죽는 것이 어째서 도덕적 문제인지를 보여준다.[10] (에런라이크는 죽음에 대해 자연주의적인 접근법을 취할 뿐, 신학적 관점에는 별다른 관심을 보이지 않는다. 그럼에도 그녀의 분석은 큰 도움이 된다.) 그녀는 의학적 수단으로 생명을 연장하려는 우리 문화의 강렬한 열망에 관심을 가진다. 이 열망의 중심에는 일부 특권층에게 불멸을 선사하려고 애를 쓰는 기업들이 있다.

그는 자신의 책 『건강의 배신 : 더 오래 살기 위해 자신을 죽이는』(Natural Causes)에서 인간의 몸을 자연적인 한계 이상으로 지탱하려는 의학 실험들의 악영향을 꼬집었다. 책의 부제가 핵심주제이다. 이런 의학적 시도는 인간의 몸이 한계가 있다는 것을 인정하지 못하고, 일말의 가능성을 기대하는 환상의 결과이다.

그는 인간의 유혹에서 비롯된 불명확한 의학적 시도들을 멀리하라고 한다.

내가 죽음을 앞둘 만큼 늙었다는 것을 깨달았을 때, 더 오래 살기 위해서는 그만큼 더 많은 고통이나 불편, 권태를 견뎌 내야 하고, 내가 그런 것을 견디기에는 너무 늙었다고 판단했다. ……죽음을 앞둘 만큼 늙은 것은 패배가 아니라 성취이며, 늙음이 주는 자유는 축하할 만한 가치가 있다.[11]

에런라이크는 건강과 다이어트, 끝없는 운동에 집착하는 것이 죽음 앞에서 분리되고 독립된 자아를 유지하려는 무익한 시도라는 점을 이해하고 있다. 그녀는 이런 독립된 자아의 대안을 수전 손택(Susan Sontag)의 글에서 찾는다.

"'나'를 초월하기 전까지 죽음은 견딜 수 없는 것이다."[12]

즉, 서로를 아끼는 공동체 안에 들어가면 자신을 더 크고 지속되는 전체의 일부로 보기 때문에 죽음을 마주하고 견뎌 내는 것이 가능하다. 그리고 에런라이크의 자연주의를 넘어 '성도의 교제'에 관한 기독교의 고백은 죽음 앞에서의 자유를 한층 더 끌어올린다. 자유함 너머의 더 큰 전체는 하나님의 영원하심과 연결되어 있다. 그래서 성숙한 물질성을 지닌 이들은 시편 기자처럼 고백할 수 있다.

우리에게 우리 날 계수함을 가르치사 지혜로운 마음을 얻게 하소서(시 90:12)

시편 기자는 인간의 생명이 유한하다는 점을 이해하고 있다. 그는 자신에게 할당된 날의 정확한 숫자를 알지 못하고 알려고 하지도 않지만 한계의 존재를 솔직히 인정하고 있다.(10절에서는 한계를 70~80년으로 계산하지만, 지금은 의학 발전으로 한계가 좀 더 늘어났다.) 시편의 기도는 우리가 '티끌'이라고 인정하면서(3절) 육체적 삶의 한계를 생각하는 지혜로운 마음을 달라고 기도한다. 이 지혜는 시간에 갇힌 우리의 사고를 초월하시는(4절) 하나님이 '연민'과 '끝없는 인자'로 인해 우리의 삶에 한계를 지우셨음을 아는 지혜다(13-14절).

(시편의) 이 부분은 인생이 얼마나 짧은지 기억하며 매순간을 온전히 살 수 있는 지혜를 달라는 간구로 마무리된다. 히브리인들에게 마음(heart)은 의지나 지성의 중심이었다. '지혜로

운 마음'은 자기 앞에 있는 연약하고 짧은 삶을 잘 다루게 해 준다. 여기서 지혜를 간구하는 것은 그만큼 삶이 힘들다는 뜻이다. 이 간구는 연약하고 짧은 삶의 현실을 다룰 능력을 구하는 것이다. ……이 시편은 인간이 그 어떤 기법이나 기술로도 삶을 통제할 수 없다는 사실을 분명히 강조하고 있다. 반면 여호와는 삶을 창조하고 주시는 분이다.[13]

우리의 모든 시간은 하나님의 손 안에 있다. 그러므로 성숙한 물질성은 우리의 모든 시간이 한계가 있음을 알고, 모든 시간을 주시는 분께 올바른 반응으로 매순간을 온전히 사는 것을 의미한다. 그리고 여기서 올바른 반응이란 우리의 삶을 창조주께 감사로 돌려드리는 것이다. 여기에 온전한 감사의 삶이 그저 멍하니 살아가는 삶은 아니지 않을까?

Materiality as Resistance

제5장

장소

Place

> 내 아버지에게는 양식이 풍족한 품꾼이 얼마나 많은가
>
> 나는 여기서 주려 죽는구나
>
> 내가 일어나 아버지께 가서……
>
> 이에 일어나서 아버지께로 돌아가니라
>
> _ 누가복음 15 : 17~20

두 아들의 비유에서 탕자는 집을 나가기를 원했다. 그는 유산을 현금화해서 고향을 떠나기를 원했다. 그리고 아버지는 그의 청을 들어주었다. 이 아들이 왜 집을 떠나고 싶어 했는지는 알 수 없다. 때로 아들들은 그러기 마련이다. 모험심이 강해서 안정된 집에서의 삶보다 흥미진진한 삶을 꿈꾸었던 게 아닐까? 아버지의 요구와 기대가 너무 심하다고 생각했을 수도 있다. 어쩌면 형이 특권을 누리는 모습을 참기 힘들었을 수도 있다. 어떤 경우든 그는 '먼 나라'로 떠나갔다. 집에서와 달리 그곳에서 규율과 제약 없이 살다보니 유산을 '허랑방탕하게' 다 탕진해 버렸다.

그는 유토피아(없는 장소)를 꿈꾸며 집을 떠났다. 즉 그는 소속감이나 책임감, 집안의 기대와 요구가 '없는' 장소를 꿈꾸었다. 그리하여 결국 그는 '집 잃은' 신세로 전락했다. 여기

서 나는 '집'과 '장소'를 하나로 합쳐 '집'의 의미에 관해 생각해 보고, 집을 향한 갈망의 해독제로서 사회 속의 '장소'의 중요성을 살펴볼 것이다.

탕자의 갑작스러운 깨달음("스스로 돌이켜")은 물질적인 것에서 비롯했다. 즉 자신이 돼지 사료를 먹는다는 사실이 그를 일깨웠다. 이것은 그가 꿈꾸던 삶이 아니었다. 이것은 오히려 악몽이었다. 마침내 그는 '자신의 꿈'과 '자신의 육체적 현실' 사이의 괴리를 깨달았다. 자유를 꿈꾸었지만 현실은 굶주린 몸이었다. 그 날카로운 깨달음의 순간, 그는 자기 몸의 처참함을 절실히 느끼고 그 '몸'이 '집'으로, 아버지와 형의 곁으로 돌아가는 상상을 했다. 다음 글에서 로버트 우드나우(Robert Wuthnow)는 '집'의 특징을 잘 짚어내고 있다.

> 사회학자들은 집을, 우리가 알고 아끼는 사람들과 일상적으로 상호작용하는 장소, 우리가 가장 일상적인 활동을 하는 장소, 우리가 안전함을 느끼는 혹은 느끼고 싶어 하는 장소로 설명한다. 집은 익숙함, 기억, 특정한 분위기, 습관의 장소다. 이런 이유로 집은 우리가 당연하게 받아들이고 편안하게 지낼 수 있는 장소가 되는 곳이다.[1]

탕자가 집을 떠올린 첫 번째 이유는 집에 양식이 남아돈다는 사실 때문이었다(17절). 이처럼 예수님의 이야기들에는 항상 풍요가 나타난다. 탕자의 아버지는 믿을 만한 공급자였다. 하지만 아들은 양식에 이어 아버지를 떠올렸다. 그에게 집은 아버지가 다스리는 곳이었다. 그는 집이 아버지의 분명한 기대사항과 요구사항이 가득한 곳이라는 사실을 기억해 냈다. 그래서 "죄를 지었사오니"라는 말이 나왔다. 그는 자신이 집과 아버지의 모든 기대사항을 저버렸기 때문에 아버지에게 거부를 당해 마땅하다는 것을 깨달았다.

그런데 이 이야기에서 첫 번째 놀라움은 탕자가 집으로 갔다는 것이다. 그는 집, 그리고 그 안의 자원과 기대사항들에서 멀어진 탓에 자신의 삶이 견딜 수 없이 피폐해졌다는 사실을 깨달았다. 성숙한 물질성을 갖추려면 많은 기대사항과 요구사항, 좋은 것들로 이루어진 집에 속한다는 것이 무엇인지에 관해 생각해 보아야 한다. 그럴 때 그런 장소, 그런 집이 없는 삶의 대가를 분명히 볼 수 있다. 이 이야기에서 두 번째 놀라움은 탕자가 뜻밖에도 집에서 환영을 받는다는 것이다.

그렇다면 먼저 '집 상실'에 관해 생각하면서 장소에 관한 성숙한 물질성을 탐구해 보자. 마르틴 부버(Martin Buber)는 세상에서 집 잃은 현실에 관해 다음과 같이 썼다.

> 거주의 시대와 집 상실의 시대를 구분해야 한다. 전자에서는 사람들이 집으로서의 세상에서 산다. 후자에서는 사람들이 노지로서의 세상에서 사는데 때로는 텐트를 칠 말뚝 네 개조차 갖지 못한다.[2]

부버는 현대의 '집 상실'을, 유럽의 크리스천들이 안정된 '신성한 덮개'(sacred canopy) 아래서 살던 중세의 '거주'와 비교한다. 새로운 집 상실은 근대 코페르니쿠스 혁명의 결과다. 이 혁명으로 인해 사람들은 우주에서 자신의 자리를 잃어버렸다.

> 코페르니쿠스의 강타에 집의 모든 벽이 이미 허물어지고 있었다. 사방에서 무한이 밀고 들어왔다. 사람은 더 이상 집으로서 경험할 수 없는 우주에 서 있었다. ……코페르니쿠스의 개념은 우주 공간이라는 집이…… 너무 좁게 보일 때 인간의 영혼이 막연하게 느끼던 것을 확인시켜 주었을 뿐이다. 코페르니쿠스의 개념은 창문을 저 너머 세상까지 던질 수 없는지

확인하기 위해 과감히 집의 벽들을 두드려 부수었다.[3]

반면, 미홀 오쉴(Micheal O'Siadhail)은 코페르니쿠스를 교회에 맞선 용감한 해방자로 여긴다.

로마가 60년간의 침묵 뒤에 태양에 관한 가르침을 금하는 대열에 동참했을 때 코페르니쿠스의 이론은 조용히 뿌리를 내렸다. ……악마와 천사 사이의 우리 자리, 하나님의 우주의 중심으로서의 지구, 이 모든 것이 우리 신앙의 문을 뒤흔들 수 있는 혁명의 위협을 받았다.[4]

하지만 오쉴은 코페르니쿠스를 지지하면서도 하나님과 인간에 관한 한 질문을 통해 신앙이 뒤흔들린다는 점에 대해서는 우려를 표시한다.

한 가지 질문이 빈 깡통 안에서 덜거덕거린다. 이런 상황에서 사람이 어떻게 하나님을 찾을 수 있는가? 혹은 하나님이 어떻게 사람을 찾을 수 있는가?

물론 비유 속의 탕자는 부버나 오쉴의 우주적 질문에 관한 고민을 하지는 않았다. 그는 단지 자기 삶 속의 물질적인 공백을 인식하고, 아버지와 집에 가득한 자원들을 기억했을 뿐이다. 하지만 가상현실 기술이 만들어 내는 집 상실의 측면에서 보면 유토피아(없는 장소)에서 그가 맞은 위기와 부버의 우주적 우려가 하나로 연결된다. 가상현실 기술은 안정적인 사회적 현실을 만들어 내지 못하는 것이 문제다.

인터넷이 나오기 훨씬 전인 1974년에 이미 피터 버거(Peter Berger)와 브리지 버거(Bridgette Berger), 한스프리드 켈너(Hansfried Kellner)는 『집 잃은 마음』(*The Homeless Mind : Modernization and Consciousness*)이란 책을 썼다.[5] 버거가 말한 새로운 현실은 흔히 제약과 족쇄로 여겨지던 옛 전통에서의 해방으로 볼 수 있다. 현대인들은 속도와 효율성, 교체 가능한 부품들을 추구하는 동시에 새로운 현실로 가는 길을 뚫기 위해 전통을 거부했다. 이런 해방의 결과로 개인들은 자유를 얻었지만 자원이나 제약을 제공해 주는 공동체 없이 고립되었다. 비유 속의 탕자도 진정한 동무 하나 없는 먼 나라에서 고립되어 있다. 그는 자원이 부족한 채로 홀로 버려져 있다. 그는 노동조합의 보호를 받지 못하는 고용

된 일꾼이다. 그는 외롭고 절박한 상황 속에 버려져 있다. 그런데 그가 경험한 버림받음이라는 사회적 현실은 사람들에게서 집을 빼앗는 현대 기술을 통해 똑같이 재연되고 있다.

설득력 있는 분석을 담은 쇼사나 주보프(Shoshana Zuboff)의 『감시 자본주의의 시대』(*The Age of Surveillance Capitalism*)는 부버의 철학적 고민과 버거의 첨단 기술에 대한 고찰에 구체성과 현대성을 더하고 있다.[6] 주보프는 특히 구글(Google)과 페이스북(Facebook) 같은 인기 있는 검색엔진들이 우리 경험의 가장 내밀하고 개인적인 차원들을 얼마나 공격적으로 침범했는지를 파헤친다. 실제로 우리의 '경험'은 팔 수 있는 '행동'이 되었다. 구글과 페이스북은 우리 경험에 관한 데이터를 마케터들에게 판매함으로써 우리 삶의 무자비하고 배려 없는 상품화에 일조하고 있다. 주보프는 이런 새로운 사회적 현실이 프라이버시와 친밀함의 여지가 상실되는 일종의 '추방'이라고 말한다. 그녀에 따르면 우리는 견딜 수 없는 갈망을 품게 되었다.

예로부터 이민자들에게서는 향수병과 고국과 분리되려는 이중적인 갈망을 흔히 볼 수 있었다. 그런데 이제 이 깊은 불안

감과 분리의 욕구는 우리 모두에게서 볼 수 있는 보편적인 현상이 되어 버렸다.[7]

이제 우리는 주보프가 말하는 "집을 위한 진혼곡"을 품고 있다.

성숙한 물질성은 '집 잃은 마음'과 '집 잃은 몸'을 연결시키려는 노력을 포함한다. 즉 우리는 집 상실(장소의 상실)을 말할 때 이 두 가지를 모두 고려해야 한다.

크레이크 풀러(Craig Fuller)는 첨단 기술을 선도하는 마이크로소프트(Microsoft)와 아마존(Amazon)의 고향인 시애틀에서 자신이 경험하고 있는 '육체적 집 상실'에 관한 글을 통해 이 두 가지를 연결시키고 있다. 그는 "산업 단지의 집 상실 문제"(The Homeless Industrial Complex Problem)라는 제목으로 첨단 기술을 선도하지만 자원이 없는 이들에게 집을 제공할 자원을 마련할 수 없는 도시의 상황과 그로 인해 집이 없는 자신의 절박한 현실을 묘사한다.[8] (새로운 침해적인 기술들이 양산하는) '집 잃은 마음들'이 (경제적 고립 속에서 뒤처지고 소외된 채 사는) '집 없는 몸들'을 보지 못하는 것이 문제이지 않을까?

성숙한 물질성을 지닌 이들은 이 두 가지를 연결해서, 우리가 '집 잃은 사람들이 가득한' 경제 속에서 살 뿐 아니라 '집 잃은 사람들을 양산하는' 경제 속에서 살고 있다는 점을 볼 수 있어야 한다. 집 잃은 사람들의 양산은 민영화된 탐욕스러운 경제의 낮은 임금과 약탈적인 대출 이자, 퇴보적인 세금 정책과 깊은 연관이 있다. 나아가, 현재의 집 상실이 노동자들이 아무런 자원도 없이 평생 일만 하다가 생을 마감한 노예제도의 잔재인 측면이 많다는 사실을 충분히 추론할 수 있다.[9] 지금도 공식적으로는 노예가 아니지만 평생 자원 없이 일만 하다가 가는 노동자들이 많다. 이런 집 잃은 사람들의 구조적인 양산은 성공한 기술 기업들이 집 없는 이들을 위한 안전한 사회망에 관심도 없고 그 사회망을 지원할 의지도 없는, 소위 '기술에 의한 집 상실'의 직접적인 결과다.

  버거는 부제에서 '의식'이라는 표현을 사용한다. 이는 지식과 삶을 위한 새로운 방식을 낳는 기술의 힘을 지칭한다.[10] 하지만 '의식'은 비유 속 탕자에게 일어난 일("스스로 돌이켜")에 어울리는 단어이기도 하다. 그는 자신이 버림을 받고 굶주림에 시달린다는 현실을 의식 혹은 자각하게 되었다. 하지만 버거가 말한 의식은 전혀 다르다. 그 의식은 육체적이고 역사적이고 사회적인 것과 동떨어져 있기 때문에 성숙한 물질성에 반한다.

탕자는 자신의 버림받음에 대한 해결책을 찾았다. 그는 집으로, 자신의 합당한 장소로 돌아갔다. 그는 그 장소의 현실, 그 장소의 요구사항과 기대사항, 아버지의 기대사항, 형이라는 짜증나는 존재, 풍성함이 가득하고 자신의 뿌리가 있는 장소, 자신이 도망쳤던 그 장소로 돌아갔다. 하지만 이 귀환을 시작하기 위해서는 자신의 굶주림을 인정해야 했다. 자신의 뿌리에서 해방된 유토피아(없는 장소)의 환상을 버려야 했다. 먼 나라에 대한 기대가 실상은 치명적인 환상이었음을 깨달아야 했다. 이런 '의식'에 이르기 전까지는 생존할 수 있는 장소로 돌아갈 수 없었다.

물론 놀랍게도 탕자는 집에 도착했을 때 환영을 받았다. 환영은 그가 전혀 기대했던 것이 아니었다. 그는 아무도 반겨주지 않고 모든 관계를 거래 관계로 보는 먼 나라의 무정함과 무관심에 어느새 익숙해져 버렸기 때문이다. 뚜껑을 열어 보니, 그의 집과 그의 귀향은 '마음과 몸의 집 상실'이 가득한 먼 나라에서의 경험과 전혀 달랐다.

성경은 집 상실의 위기에 관해서 잘 알고 있으며, 언약에 충실한 자들이 그런 약탈적인 행위에 저항할 것을 기대한다.

첫째, 이사야의 명령은 집 만들기로 집 상실에 대응하라는 것이다.

> 내가 기뻐하는 금식은 ……유리하는 빈민을 집에 들이며 헐벗은 자를 보면 입히며 또 네 골육을 피하여 스스로 숨지 아니하는 것이 아니겠느냐(사 58:6-7)

여기서 '골육'으로 번역된 히브리어 단어는 '살'을 의미한다. 이는 결속의 극단적인 표현이다. 교회에서 이사야서의 텍스트를 주로 읽는 시기인 사순절은 집 없는 이들을 효과적으로 도울 방안을 고민하기에 딱 좋은 때다. 집 상실에 대한 언약적 반응은 집 만들기에 필요한 자원을 동원함으로써 책임감 있는 결속을 보여 주는 것이다. 주보프는 주된 검색 엔진들의 무소불위 힘에 대한 저항을 촉구한다. 그는 "마찰이 되라"는 명령을 발하며 이렇게 마무리한다.

베를린 장벽이 무너진 이유는 여러 가지이지만, 무엇보다도 그것은 동베를린 사람들이 "이젠 그만!"이라고 외쳤기 때문이다. 우리도 디지털 미래를 인류의 고향으로 회복하는 '위대하고 아름다운' 새 역사의 저자가 될 수 있다. 이제 그만! 이것을 우리의 선언으로 삼자.[11]

둘째, 성경은 약탈적인 경제가 약육강식의 방식으로 집 없는 이들을 대거 양산하고 있다는 점을 알고 있다. 잘 알려진 예는 나봇의 포도원 이야기(왕상 21장)다. 이는 권력을 지닌 왕족이 약한 농부를 약탈하는 이야기다.[12] 성경은 교활한 법률가와 공격적인 부동산업자의 행동, 정부의 수탈을 분명하게 경고하고 있다. 성경은 스스로를 방어할 수 없는 이들의 땅을 합법적으로 빼앗아 그들을 집 없는 신세로 내모는 '경계표를 옮기는 자들'에게 경고의 메시지를 던진다.[13]

네 하나님 여호와께서 네게 주어 차지하게 하시는 땅 곧 네 소유가 된 기업의 땅에서 조상이 정한 네 **이웃**의 경계표를 옮기지 말지니라(신 19:14; 잠 22:28)

이 땅은 '이웃'의 땅이며, 십계명의 마지막 계명도 이웃에 관한 계명이다.

네 이웃의 집을 탐내지 말라 네 이웃의 아내나 그의 남종이나 그의 여종이나 그의 소나 그의 나귀나 무릇 네 이웃의 소유를 탐내지 말라(출 20:17)

잠언 23장 10~11절의 명령은 보호자가 없는 "고아"에 관한 명령이어서 더욱 날카롭다.

옛 지계석을 옮기지 말며 고아들의 밭을 침범하지 말지어다 대저 그들의 구속자는 강하시니 그가 너를 대적하여 그들의 원한을 풀어 주시리라(잠 23:10~11; 과부의 지계를 정하는 분에 관해서는 15:25를 참조)

이것들은 취약 계층이 집을 잃고 쫓겨나지 않도록 보호하기 위한 명령이다. (성숙한 물질성을 갖춘) 언약 공동체는 교체할 수 있는 부품들, 교체할 수 있는 사람들, 교체할 수 있는 장소들을 버리는 유토피아적(없는 장소) 행태를 거부해야 한다.

성숙한 물질성을 지닌 사람은 비유 속의 탕자처럼 충성스러운 삶이 장소에 대한 참여와 관심, 충성을 필요로 한다는 점을 안다. 탕자는 이 점을 알게 되었다. 그래서 그는 충분한 음식, 환영의 축제, 안전을 제공하는 아버지가 있는 자신의 합당한 장소 곧 집으로 돌아간다. 이런 생명을 주는 장소의 개념은 장소에 관한 두 가지 발전적인 질문을 던지게 만든다.

첫째, 내가 어디에 있어야 하는가? 이 질문을 던진다는 것은 이미 '합당한' 장소가 있음을 인정하고 있다는 뜻이다. 합당한 장소를 반인간적인 유토피아(없는 장소)라는 '먼 나라'의 밝은 빛들과 혼동해서는 안 된다. 유토피아에서의 휴가 정도는 괜찮을지 몰라도, 탕자가 깨달은 것처럼 유토피아가 우리의 "본향"(히 11:14)은 될 수 없다. 자신이 어디서 온지를 절대 잊지 않았다는 말이 큰 칭찬인 데는 그럴 만한 이유가 있다. 모든 사람이 어딘가에서 왔다. 누구나 특정한 소망과 특정한 자원, 특정한 사회 규약, 특정한 음식을 가진 특정한 장소에서 왔다. 이 특정한 요소들을 수정하고 비판하는 것까지는 좋지만, 근거 없는 상상을 좇아 이것들을 완전히 버리는 것은 위험한 행동이다. '합당한 장소'는 비용을 발생시키고 혜택을 주고 뿌리를 제공하는 특정한 요소들이 있는 장소다. 우리는 뿌리 없는, 장소 없는 떠돌이가 되어서는 안 된다. 우리는 특정한 시간과 공간 속에서 책임감 있는 파트너가 되어야 한다.

수사들이 하는 '정주'의 서약은 본받을 점이 많다. 이 서약은 다른 곳이 더 좋다는 환상에 빠지지 않고 '한 장소에서' 평생을 머물겠다는 뜻이다. 실제로 수사들은 정주의 서약을 한 '장소'에 오래토록 머물게 된다. 여러 가지 이유로, 특정한 종교 집단의 의식은 사람들을 그곳에 붙잡아 두는 요인이 된다. 기독교 의식도 마찬가지이며, 다른 종교의 경우도 다르지 않다.

합당한 장소에 관해서 던질 수 있는 두 번째 질문은 그 특정한 장소, 집에서 어떻게 거주해야 하는가이다. 사용자나, 소비자, 소유자, 착취자, 약탈자로 거주해서는 안 된다. 이런 거주 모델은 '집 잃은 마음들'이 '집 잃은 몸들'에 대해 신경을 쓰지 않는 상품화된 사회에나 어울린다. 성숙한 물질성은 무관심이나 냉담, 피로, 이기주의가 가득한 이런 편리한 거주 방식을 거부한다. 성숙한 물질성은 더 적합한 거주 형태들을 찾고 실천한다. 이런 책임감 있는 거주의 네 가지 지표는 다음과 같다.

1. 합당한 장소에서의 성숙한 거주는 '**상속인**'으로서의 거주다. 비유 속의 탕자는 상속자였지만, 자신이 상속자로서 땅

을 소유할 뿐 아니라 땅도 그를 소유한다는 사실을 망각했다. 다시 말해, 그는 그 땅에 속해 있었던 것이다. 상속자로서 자신의 역할을 잊어버렸을 때 그는 먼 나라로 떠날 수 있었다. 하지만 아버지께로 돌아왔을 때 그는 자신의 유산 속으로 다시 들어갔다. 그리고 그 순간, 자신이 그 땅에 속했다는 사실, 그 땅이 자신이 속하여 살아야 할 땅이라는 사실을 절실히 깨달았다.

나봇은 책임감 있는 상속자의 본보기다(왕상 21장). 한 나라의 왕과 왕비인 아합과 이세벨은 나봇의 포도원을 대체 가능한 땅, 즉 사고팔 수 있는 땅으로 여겼다. 그들은 모든 장소를 상품의 시각에서 바라보았다. 하지만 나봇은 그들이 모르는 것을 알고 있었다. 그는 자신의 포도원 땅이 대체 가능한 것이 아니라는 것을 알았다. 그에게 그 땅은 '조상의 유산'이기 때문에 돈을 받고 남에게 '준다'는 것은 불가능했다(3절). 그곳은 항상 그의 가문의 땅이었다. 그곳은 그가 속한 곳이었다. 그는 그 포도원 땅에 속했기 때문에 그곳을 경작하고 보호해야 했다.

이 성경의 사건은 충돌하는 두 거주 방식을 극명하게 보여 주는 사례다. 거의 모든 경우에서 그렇듯이 '상품화'의 힘이 더 우위에 있어 보인다. 이는 '상속'으로서의 거주를 힘들게 만드는 요인이기도 하다. 하지만 이 사건이 증명해 보이듯, 이런 거주 방식이 힘 있는 자들에 의해 너무도 쉽게 무너지지만, 살기 좋은 장소를 주시는 하나님은 전적으로 상속인의 편이시다. 웬델 베리(wendell Berry)는 땅이 대체 가능한 상품으로서 거래될 수 없는 유산이라는 점을 분명히 설명해 준다.[14] 성숙한 물질성은 자신의 합당한 장소를 존중하고, 또한 취약한 이웃을 포함한 이웃들의 합당한 장소도 존중하는 것이다. 우리 사회에서 취약한 상속자들을 가장 위험에 빠뜨리는 것은 바로 젠트리피케이션(gentrification, 상류층 또는 외부인의 유입으로 저소득층 원주민이 자신의 주거지역에서 밀려나는 현상)의 공격이다.[15]

2. 합당한 장소에 거주하기 위한 성숙한 방식은 '이웃'으로서의 거주다. 여기서 이웃은 우리가 편안하게 여기는 옆집 사람만을 말하지 않는다. 지역사회에 있는 모든 주민을, 공통의 목표를 추구하는 동반자로 여겨야 한다. 그들도 존중과 안전, 생존을 누릴 자격이 있고, 이것들을 공통의 관심사로 여겨 함께 투자할 수 있어야 한다.

불행히도 상품화된 경제에서는 공통의 목표를 함께 추구

하는 이웃이 없다. 개인적인 삶을 사는 독립된 개인들밖에 없으며, 그들 모두는 희소한 자원을 놓고 다투는 라이벌이요 경쟁자일 뿐이다. 이웃과 더불어 사는 삶은 이런 상황의 모든 측면을 거부하는 삶이다. 고립도 라이벌도 경쟁자도 희소한 자원도 없다. 이웃과 더불어 사는 삶은 후한 나눔을 기대하고 실천하는 삶이다. 공익을 위해 자신이 가진 것을 기꺼이 나누는 삶이다. 우리가 좋아하거나 어울리고 싶은 사람들에게만 나누는 것이 아니다. 나아가, 얼굴을 맞댄 나눔만이 아니라 사회를 변화시키는 지속적인 기부를 실천하고 지역 사회의 필요에 맞는 과세를 받아들인다.

"네 이웃을 사랑하라"라는 명령(레 19:18; 막 12:31)은 성숙한 물질성의 핵심이다. 바울은 이 명령이 "온 율법"을 응축시킨 것이라고 선언했다(갈 5:14). 또한 성경은 '이웃'의 범위를 '과부와 고아, 이민자'를 포함한 모든 취약계층에게로 확대한다.

3. 성숙한 물질성은 우리의 합당한 장소에 '**그 장소의 파트너**'로서 거주하는 것을 말한다. 장소가 '소유주'에게 속한 것이 아니라 장소와 소유주가 서로 파트너십을 이루어 서로에게 속하고 장기적인 운명을 함께하는 것이다. 그렇다면 소유

주의 목적은 생산을 극대화하는 것이 아니라 장소의 안녕을 추구하는 것이다. 웬델 베리는 땅을 깊이 알아 '친절한 사용'을 하는 것에 관한 이야기를 했다.[16] 이런 '친절한 사용'의 목적은 땅의 지속성을 높여 자자손손 그곳에서 거주할 수 있게 하는 것이다. 따라서 땅의 소유주는 그곳의 마지막 거주자가 아니라 과거에 그곳에서 살았던 사람들과 앞으로 살 사람들의 긴 사슬에 속해 있다.

  4. 성숙한 물질성은 '시민'으로서 자신의 역할에 충실한 것을 포함한다. 즉, 공익을 위한 책임을 다해야 한다. 이를테면 공동체의 정치에 관심을 갖고 참여해야 하며, 고되고 개인적으로 이익이 되지 않아도 공익에 도움이 되는 일이라면 다른 이웃들과 함께 기꺼이 참여할 수 있어야 한다.

  아울러 시골과 도시의 차이점을 살피고 넘어갈 필요성이 있다.[17] 시골에서는 '상속자'이자 '이웃'이요 '파트너'이자 '시민'으로서 거주하기가 상대적으로 쉽다. 제도들을 이용하기가 쉽고, 구성원이 대개 같은 씨족이며, 얼굴을 맞댄 상호작용이 더 쉽기 때문이다. 이렇게 말하니까 시골 삶에 대한 낭만주의를 부추기는 것처럼 보이지만, 모두가 시골에서 살 여건은 아니지 않은가. 많은 사람이 다양한 이유로 도시에서 산다. 하지만 북적거리는 도시에서도 '상속자', '이웃', '파트너', '시민'으로의 부름은 동일하다. 단지 좀 더 복잡하고 힘들 뿐이다. 하지만 정도만 다를 뿐 책임감 있는 거주의 지표는 동일하다. 도시에서는 이런 부름이 더 멀게 느껴질 수 있다. 그래서 도시 교회가 올바른 거주를 고집하는 것이 더욱 중요하다. 교회가 책임감 있는 거주의 내러티브를 보여 주고, '합당한 장소'를 위한 선한 일에 참여하는 협력자들의 공동체가 되어야 한다.

도시에서든 시골에서든 '집 없는' 이들이 많고 합당한 장소가 부족하다. 진짜 이웃 속에서가 아니라 가상현실 속의 삶에 집착하는 '집 잃은 마음들'도 있고, 약자들을 고의적으로 방치하는 약탈적인 경제의 희생양이 된 '집 잃은 몸들'도 있다. 이런 이중 '집 상실'의 현실 속에서 성숙한 물질성을 지닌 이들은 집 만들기에 참여해야 한다. 그런 일을 할 때 다음 고백이 큰 힘이 될 것이다.

소박한 것은 선물이네.
자유로운 것은 선물이네.

있어야 할 곳으로 가는 것은 선물이네.[18]

여기서 키워드는 '선물'이다.[19] 합당한 장소에 있는 것은 성취가 아니라 선물이다. 그것이 성취라면 그것을 이룬 사람은 특권의식을 갖고 누구에게도 아무것도 빚지지 않았다고 생각할 것이다. 하지만 합당한 장소가 선물이라면 합당한 반응은 감사여야 한다. 그 감사는 다시 우리를 이웃들에게로 달려가 '집 잃은 자들'(집 잃은 마음과 집 잃은 몸)을 보고, 집을 만드시는 하나님을 따라 집을 만들게 할 것이다.

너희의 하나님 여호와는 신 가운데 신이시며 주 가운데 주시요 크고 능하시며 두려우신 하나님이시라 사람을 외모로 보지 아니하시며 뇌물을 받지 아니하시고 고아와 과부를 위하여 정의를 행하시며 나그네를 사랑하여 그에게 떡과 옷을 주시나니 너희는 나그네를 사랑하라 전에 너희도 애굽 땅에서 나그네 되었음이니라(신 10:17-19)

데이비드 브룩스(David Brooks)의 권고로 마무리 짓고자 한다.

우리는 장소에 대한 애정을 토대로 하나로 묶여 있다. …… 우리의 지역적 배경을 알고, 서로 믿고 있는 이웃들에게 행하는 권력의 시스템을 견제하는 자들이 되라.[20]

결론

그가 어떤 사람은 사도로, 어떤 사람은 선지자로,

어떤 사람은 복음 전하는 자로,

어떤 사람은 목사와 교사로 삼으셨으니

이는 성도를 온전하게 하여 봉사의 일을 하게 하며

그리스도의 몸을 세우려 하심이라

우리가 다 하나님의 아들을 믿는 것과 아는 일에 하나가 되어

온전한 사람을 이루어

그리스도의 장성한 분량이 충만한 데까지 이르리니

이는 우리가 이제부터 어린아이가 되지 아니하여

_ 에베소서 4:11~14

기독교 물질성에 관한 연구는 두 현실의 수렴을 보여 준다.

첫째, 앞서 말했듯이 성경은 물질적인 문제에 깊은 관심을 갖고 있다. 성경이 영적 문제에만 관심이 있다고 생각하는 것은 오해다.

둘째, 우리의 삶은 우리 에너지와 생각의 대부분을 잡아먹고 우리 안에 다양한 희망과 걱정을 일으키는 물질적인 문제로 가득하다. 만약 당신의 삶이 그렇지 않다고 생각한다면 그것 역시도 착각이다. '우리 삶의 물질성'과 '성경의 물질성'의 수렴을 생각한다면 복음의 하나님의 목적과 약속을 바탕으로 우리 삶의 모든 물질적인 차원들에 관해서 솔직하게 비판적이고도 철저하게 고민해 보지 않을 수 없다.

하나님과 이웃을 어떻게 사랑해야 할까? 성경 속에서 그 사랑을 이루는 다섯 가지 단어를 쉽게 찾을 수 있다. 언약의 파트너인 이스라엘을 향한 하나님의 자신을 내어주는 사랑의 서약은 다음과 같다.

> 내가 네게 장가들어 영원히 살되 공의와 정의와 은총과 긍휼히 여김으로 네게 장가들며 진실함으로 네게 장가들리니 네가 여호와를 알리라 (호 2:19-20)

하나님의 이 맹세는 비록 남성 중심의 시각에서 쓰인 것이지만, 어쨌든 다섯 개의 단어가 핵심이다. 이 다섯 단어, 공의, 정의, 은총, 긍휼, 진실은 하나님이 우리와 함께하시는 방식을 지칭한다. 하지만 동시에 이 단어들은 하나님에 대한 우리의 반응과도 관련이 있다. 우리는 하나님께 대한 충성의 행위로서 공의, 정의, 은총, 긍휼, 진실을 실천해야 한다. 나아가, 이것을 이웃 사랑의 방식으로 본다면 우리는 함께하는 삶의 물질적인 차원들에 참여함으로써 이런 충성을 보여 주어야 한다. 요컨대 성숙한 물질성은 돈, 음식, 몸, 시간, 장소와 같은 문제와 관련해서 이웃에 대해 공의, 정의, 은총, 긍휼, 진실을 실천하는 것이다.

이런 행동이 의미 있고 헛되지 않으며 지혜롭게 지속되려면 기본적으로 이런 행동에 반대하는 세상 속에서 지속할 수 있는 훈련과 연습이 필요하다. 사실, 우리 대부분은 성숙한 물질성을 사용하는 연단을 받지 못한 히브리서 5장의 '어린아이'와 다름없다. 그렇다면 우리에겐 성숙한 물질성을 갖추기 위한 충성스러운 훈련과 연습이 절실하지 않은가!

이런 훈련과 연습은 대부분의 사람들이 지도와 도움을 필요로 한다. 그래서 교회 리더들, 특히 목회자들이 스스로를 '물질성의 지도자' 역할을 맡아 줄 것을 강권한다. 성도들에게 영적 삶에 필요한 기술과 규율, 민감성을 길러 주기 위한 역사 깊은 '영적 지도'의 관행만큼 이 역할이 중요하게 여겨지기를 소망한다. 영적 물질성을 위해서도 이런 지도가 필요하다. "그리스도의 장성한 분량이 충만한 데까지" 이르도록 "성도를 온전하게" 하라는 에베소서의 부름을 진지하게 받아들인다면, 성도들이 물질성의 영역에서 분별력과 행동력을 갖추도록 인도하는 것 또한 목회자의 역할일 것이다. 장기적인 측면에서는 신학교에서도 물질성의 지도자들을 양성하기 위한 교육과정이 생기길 바란다.

물질성에 관한 이 책은 예로부터 강조되어 온 영성의 중요성을 조금도 훼손하지 않는다. 나는 성숙한 물질성에 순수한 복음을 불어넣는다면 더욱 새롭고도 활발한 영성이 나타나리라 믿어 의심치 않는다. 성숙하고 순종적인 물질성은 나사렛 예수를 통해 몸을 입으신 창조주 하나님께 대한 올바른 반응이다. 이렇게 보면 너무도 오랫동안 현대 교회의 발목을 잡아왔던 이원론이 해결될 수 있다고 본다.

요한일서 4장 20절은 이렇게 말한다. "보는 바 그 형제를 사랑하지 아니하는 자는 보지 못하는 바 하나님을 사랑할 수 없느니라"

성경은 하나님과 이웃을 모두 사랑하라고 명령한다. 이 두 사랑이 사실상 한 사랑이라고까지 말할 수 있다. 하나님을 사랑하는 것은 곧 성숙한 물질성으로 이웃을 사랑하는 것이다. 예레미야는 선한 왕 요시야를 언급하면서 다음과 같이 선포했다.

네 아버지(요시야 왕)가 먹거나 마시지 아니하였으며 정의와 공의를 행하지 아니하였느냐 그때에 그가 형통하였었느니라 그는 가난한 자와 궁핍한 자를 변호하고 형통하였나니 이것이 나를 앎이 아니냐 여호와의 말씀이니라(렘 22:15-16)

이는 하나님을 알면 궁핍한 자들에게 정의를 행하게 된다는 뜻이 아니다. 궁핍한 자들에게 정의를 행하면 하나님을 알게 된다는 뜻도 아니다. 이는 이웃(형제와 자매) 사랑 자체가 하나님을 아는 방식이라는 뜻이다. 이것이 곧 하나님을 아는 것이다! 호세 미란다(Jose Miranda)는 예레미야의 이 놀라운 주장에 관해서 이렇게 말했다. "야훼는 오직 이웃을 위한 정의와 연민의 인간 행위를 통해서만 알 수 있다."[1]

이렇듯 성숙한 물질성의 삶은 우리를 이런 정의와 연민으로 초대한다. 성숙한 물질성은 이웃을 외면하는 오늘의 세상 속에서 참으로 시급한 복음의 명령이다. 이 명령을 따른다면 교회는 이웃을 약탈하며 쫓아내는 모든 일에 저항할 수밖에 없을 것이다. 성숙한 물질성은 상품화된 사회의 약탈을 거부하는 저항이요, 열정이다.

자, 그렇다면 여러분은 어떤가? 아직도 갓난아기의 젖이 필요한가?

나는 이 작은 책을 통해 여러분이 갓난아기의 젖을 넘어, 나사렛 예수가 자신의 삶을 통해 보여 주신, 완전한 풍요의 세상으로 당신의 그 걸음을 떼어 보길 희망한다.

Materiality as Resistance

토론을 위한 질문들
서문

월터 브루그만의 서문은 "신앙의 물질적인 측면에 다시 참여하라"고 촉구한다. 이 책의 모든 주장은 처음부터 끝까지 서문에서 제시한 중요한 가정들을 바탕으로 한다. 그런 의미에서 다음 질문들로 토론을 시작해 보자.

브루그만은 6세기에 교회가 "내세를 위한 '영혼 돌보기'라는 영적인 문제"에 몰두하기 시작했고, (웅장하고 거대한) 건물들과 (옷차림과 라이프스타일에서 의도적으로 평신도들과의 차별을 추구한) 성직자들에게서 그 증거를 볼 수 있다고 말한다.

O 지금도 교회와 성직자들이 주로 '영적인' 문제에만 관심을 갖고 있다고 보는가? 그 사실을 보여 주는 증거들에는 어떤 것들이 있을까? 그 증거가 지닌 긍정적이거나 부정적인 측면은 무엇인가?

'물질성'에 대한 브루그만의 이해는 창조와 성육신에 관한 신학적인 확신을 바탕으로 한다.

○ 하나님의 피조세계가 좋고 예수님이 행하신 선한 일이 '신앙의 물질성'이라는 표현의 의미를 이해하는 데 어떤 도움을 주는가?

그룹의 모든 참가자들이 처음부터 '물질성'이라는 개념을 정확히 알 수 있도록 이 책에서 다루는 다섯 가지 차원(돈, 음식, 몸, 시간, 장소) 외에 다른 물질성을 생각해 보도록 한다.

토론을 위한 질문들
1장. 돈

성경

마태복음 6장 19~21절을 큰소리로 읽어 보자.
○ 성경의 가르침이 우리와 돈의 관계에 관해 무엇을 말해 주는가?

책

참가자들이 돈에 관한 개인적인 생각들을 최대한 편안하게 나누어 본다.

"최대한 벌고 최대한 주고 최대한 저축하라"라는 존 웨슬리의 명언을 떠올리며 참가자들에게 질문해 보자.
○ 얼마나 벌면 충분한가?
○ 얼마나 주면 충분한가?
○ 얼마나 저축해야 하는가?

브루그만은 우리 사회에 만연한 소비주의가 돈을 "사회 전체와 관계없는 별개의 것"으로 본다고 말한다. 그렇게 되면 웨슬리의 가이드라인이 무의미해진다. 이 말을 고민해 보고, 당신의 소비 습관에서 이런 태도가 보이는지 돌아보자.

최대한 벌라

○ 어떤 (개인적 혹은 사회적) 요인들이 최대한 벌라는 개념을 무한히 축적하라는 뜻으로 왜곡시키고 있는가?

○ 소득 능력, 수입에 관한 기대 및 약속, 제약을 공동체라는 배경 속에 두는 것이 무엇을 의미하는가? 우리 자신을 '소득자들의 공동체'의 일부로 보면 우리의 버는 방식이 어떻게 달라질까?

최대한 저축하라

○ 어떤 (개인적 혹은 사회적) 요인들이 최대한 소비하라는 사회의 속삭임을 거부하게 만드는가?

○ 저축(세이빙)의 개념을 확장하면 '이웃과 온 피조세계를 위해 돈을 지혜롭게 활용하는 것'까지 나아가게 된다. 이런 활용은 구체적으로 어떤 모습인가? 우리의 저축 활동이 어떻게 바뀌어야 하는가?

최대한 주라

○ 우리가 하나님의 풍성한 선물에 대한 감사로 나누기보다 당장의 필요에 반응하여 나누는 경향이 있는 것은 어떤 (개인적 혹은 사회적) 요인들 때문인가?

○ 브루그만은 성숙한 물질성이 '예산을 짜서 계획적이고 주기적이고 체계적이고 지속적으로 나누려는 노력'과 '공익을 증진시키는 좋은 세금을 옹호하는 것'을 필요로 한다고 말한다. 이 둘을 우리의 나눔에 적용한다고 생각해 보자. 어떤 난관이나 기회가 예상되는가?

토론을 위한 질문들
2장. 음식

성경

마가복음 6장 37~44절을 큰소리로 읽어 보자.

○ 예수님이 많은 무리를 먹이신 이야기를 읽고 당신이 음식을 이해하고 다루는 모습에 대해서 어떤 생각과 반성을 하게 되는가?

누가복음 12장 13~24절을 큰소리로 읽어 보자.

○ 부자 농부가 '부족함에 대한 착각의 희생자'라는 브루그만의 평가로 볼 때 음식을 얻고 소비하는 우리의 관행을 어떻게 바꾸어야 할까?

책

브루그만은 '부족'이라는 소비주의의 내러티브를 하나님의 피조세계의 '풍성함에 대한 믿음'이라는 성경의 내러티브와 비교한다.

○ 광야의 만나에 관한 구약의 이야기와 많은 무리를 기적적으로 먹이신 예수님에 관한 복음서의 이야기로 볼 때 우리의 소비 습관을 어떻게 바꾸어야 할까?
○ 우리의 소비 습관이 성경에 대한 우리의 믿음을 어떻게 망가뜨리는가?

신앙의 물질성의 차원에서 브루그만은 음식이 농장에서 식탁까지 이르는 과정을 통해 '부족과 풍요의 위기'라는 것을 파헤친다. 다음의 세 과정을 토대로 토론해 보자.

식량 생산

○ 우리가 음식을 선택하고 먹는 모습을 보면 상업형/산업형 식품 생산 사슬에 대한 무비판적인 믿음이 어느 정도인가?
○ 대량 식품 생산 과정이 부족의 두려움을 극복할 수 있다는 믿음 이면에는 어떤 가정들이 있는가?
○ 하나님의 풍요로 부족의 두려움을 이길 수 있다는 믿음 이면에는 어떤 가정들이 있는가?

식량 분배

○ 오늘날 사회에서 돈이 있는 사람들만 잉여 식량을 즐기고 가

난한 사람들은 그렇지 못하다는 사실을 보여 주는 사례에는 어떤 것들이 있는가?
○ 어떤 장소와 상황에서 식량 분배가 무기 혹은 착취 수단으로 사용되고 있는가?
○ 누가복음 1장에 기록된 마리아의 노래와 누가복음 6장에 기록된 예수님의 가르침은 어떤 면에서 공정한 음식 분배를 위한 기독교 공동체의 참여를 촉구하고 있는가?

식량 소비

○ 올바른 음식 소비의 첫걸음이 자신을 '소비자'로만 보는 시각을 버리는 것이라면, 어떻게 해야 그럴 수 있을까? 쉽게 그러지 못하는 이유는 무엇인가?
○ 우리는 음식과 관련해서 자신을 (공동체의) '시민'으로 보아야 한다. 우리 자신을 그렇게 보면 우리의 먹는 방식이 어떻게 달라질까?
○ 우리는 음식과 관련해서 자신을 (하나님의) '피조세계의 일부'로 보아야 한다. 우리 자신을 그렇게 보면 우리의 먹는 방식이 어떻게 달라질까?

토론을 위한 질문들
3장. 몸

성경

바울이 예배의 비유를 사용하여 하나님 나라의 행동들을 촉구하는 로마서 12장을 큰소리로 읽어 보자.

○ 브루그만은 로마서 12장 8~20절을 바탕으로 오늘날 세상의 관행들과 상반된 육체적 희생의 행위들을 정리했다. 우리 주변의 어디에서 이런 행위들이 보이는가?

에베소서 4:22~24, 5:3~4, 골로새서 3:5~14, 갈라디아서 5:19~23를 순서대로 읽어 보자.

○ 로마서 12장에서 믿음을 육체적 희생으로 본 바울의 시각을 이해하는 데 이 구절들이 어떤 도움이 되는가?

책

브루그만은 '건강한 자기관리'와 '건강한 성'은 육체적 희생의 비유를 통한 바울의 명령에 '포함된다'고 말한다.

○ 건강한 자기관리가 오늘날 크리스천들의 삶 속에서 어떤 식으로 나타나고(혹은 나타나지 않고) 있는가?

○ 건강한 성이 오늘날 크리스천들의 삶 속에서 어떤 식으로 나타나고(혹은 나타나지 않고) 있는가?

○ 로마서 12장 1절이 어떻게 건강한 자기관리와 건강한 성을 위한 가이드라인이 될 수 있을까?

"성숙한 몸은 자신과 자기 이웃의 개인적인 행복을 침해하는 정책과 공적 관행을 꿰뚫고 있어야 한다."

○ 몸의 성숙한 물질성에 따르면 우리 공동체의 어떤 정책들이 문제인가?

○ 몸의 성숙한 물질성에 따르면 우리 공동체의 어떤 공적 관행들이 문제인가?

브루그만은 몸의 신학적 비유를 과거와 현재의 인종 차별로 '강탈된' 실제 몸들과 연결시키기 위해 타 네히시 코츠의 글을 인용한다.

○ 브루그만이 사용한 두 비유(바울의 '몸의 희생'과 코츠의 '몸의 강탈')로 볼 때 "영적 예배"(롬 12:1)란 무엇인가?

○ 인종 차별을 지속시키는 정책과 관행에 대한 저항의 가능성과 한계에 관해 토론해 보자.

토론을 위한 질문들
4장. 시간

성경

출애굽기 20장 1~11절을 큰소리로 읽어 보자.

○ 당신은 안식일 준수를 통해 우리 삶 속의 '생산의 저주'를 잘 끊어내고 있는가?

마가복음 2장 23절~3장 6절을 큰소리로 읽어 보자.
브루그만은 이 구절에서 예수님의 말씀과 행동을, 인간 회복이라는 궁극적인 목적을 위해 안식일을 '가장 중요한 시간'으로 해석한다.

○ 안식일 준수를 이해하고 행하는 당신의 방식은 안식일에 대한 이런 해석과 얼마나 일치하는가? 얼마나 다른가?

책

"성숙한 물질성은 모든 시간이 하나님의 선물이라는 점을 깨닫는 것을 포함한다. ……모든 시간은 시간을 주시는 하나님처럼 이웃과 나누는 삶을 실천할 기회다."

브루그만은 전도서 3장 1~8절을 바탕으로 성숙한 물질성이 "시간들을 서로 구별하여 특정한 시간에 무엇이 중요하고 적절한지를 알 수 있는 것이다."라고 말한다. 전도서의 구절들을 좀더 생각해 보라.

심다/뽑다; 죽이다/치료하다; 헐다/세우다
○ 언제 소중히 여기는 것을 기꺼이 버렸는가? 언제 상상도 못 했던 귀한 것을 받았는가?
○ 뭔가를 버리고 뭔가를 받아들여야 할 때인지를 어떤 기준에 따라 판단할 수 있을까?

울다/웃다
○ 하나님이 약속하신 부의 역전을 기대한다면 현재 어떻게 행동해야 할까? 특히 '지금 울고 있는' 사람들을 어떻게 대해야 할까?

침묵/말하기
○ 언제 위험을 무릅쓰고 침묵하거나 목소리를 높이라는 하나

님의 촉구하심을 느꼈는가?

느리게 가다/속도를 높이다

○ 매일의 삶 속에서 속도와 효율성을 주된 가치로 삼으면 무엇을 잃을까? 어떤 대가를 치를까?

○ 느림이 '이웃과 더불어 사는 삶의 편'이라는 증거를 본 적이 있는가?

태어나다/죽다

○ 성도의 교제 안에서 기독교 신앙을 어떻게 실천하고 있는가? 혹은 실천할 수 있는가?

다함께 시편 90편을 읽으면서 마무리하도록 한다.

토론을 위한 질문들
5장. 장소

성경

누가복음 15장 11~32절(두 아들의 비유)과 열왕기상 21장 1~16절(나봇의 포도원) 말씀을 깊이 읽어 보자.

책

이번 장의 마무리로 소개된 데이비드 브룩스의 인용문을 함께 생각해 보자. "우리는 우리 장소에 대한 애정으로 하나로 묶여 있다."
○ 당신 삶의 어떤 경험으로 볼 때 이 말이 옳은가? 혹은 옳지 않은가?

예수님의 두 아들 비유에서 키포인트는 ① 탕자가 집으로 '돌아온' 것과 ② 집에서 '환영을 받은' 것이다.
○ 집과 고향에 속하는 것이 무엇을 의미하는가?
○ 집과 고향을 떠날 때 치르는 대가는 무엇인가?

브루그만은 주보프의 글을 인용하면서 "프라이버시와 친밀함의 여지가 상실되는 일종의 추방과 같은 사회적 현실"이란 표현에 주목한다.

○ 당신이 추방의 삶을 살고 있는 것 같은가? 그런 느낌이 얼마나 심하게 드는가? 당신의 느낌을 더 잘 전달하는 이미지가 있는가?

브루그만은 이사야서 58장에 따라 '집 만들기'가 집 잃은 마음들과 몸들의 한복판에서 성숙한 신앙인의 올바른 반응이라고 말한다.

○ 우리가 집 잃은 사람들이 가득한 동시에 집 잃은 사람들을 양산하는 경제 속에 살고 있다는 증거를 어디서 볼 수 있을까?
○ 집 만들기로 집 상실에 대응하기 위해서 우리에게 어떤 태도와 행동, 자원이 필요할까?

예수님의 비유에서 탕자가 집에 돌아와 자신의 합당한 자리를 찾은 것처럼 브루그만은 "충성스러운 삶이 장소에 대한 참여와 관심, 충성을 필요로 한다."라고 주장한다.

○ 당신은 어디에 있어야 하는가? 당신이 뿌리를 내리고 기여해야 하는 곳은 어디인가?

○ 당신의 '합당한' 장소에서 어떤 식으로 거주해야 하는가?

우리의 집, 고향에서 어떻게 거주해야 할지에 관한 질문은 브루그만이 다섯 가지 '거주 모델'과 '책임감 있는 거주의 네 가지 지표'의 추가적인 논의를 요구한다.

○ 어떻게 하는 것이 자신의 고향에서 '사용자'와 '소비자', '소유자', '착취자', '약탈자'로 거주하는 것인가?

○ 어떻게 하는 것이 자신의 고향에서 '상속자'와 '이웃', '파트너', '시민'으로 거주하는 것인가?

미주

1. Peter Brown, *Through the Eye of a Needle : Wealth, the Fall of Rome, and the Making of Christianity in the West, 350-550 AD* (Princeton, NJ : Princeton University Press, 2012).
2. Brown, 517.
3. William Barclay, Edgar McKnight의 *Hebrews-James*, Smyth & Helwys Bible Commentary (Macon, GA : Smyth & Helwys, 2004), 131에 인용.

1장 : 돈

이번 장의 주제에 관해서 더 깊이 알고 싶다면 월터 브루그만의 '돈과 재물'(*Money and Possessions*, Louisville, KY : Westminster John Knox Press, 2016)을 보시오.

1. Jacques Ellul, *Money and Power*(Downers Grove, IL : InterVarsity Press, 1984)를 보시오.
2. Roland Boer, *The Sacred Economy of Ancient Israel* (Louisville, KY : Westminster John Knox Press, 2015), 202-3.
3. Boer, 202-3.
4. Wendell Berry, *The Art of Loading Brush : New Agrarian Writings* (Berkeley, CA : Counterpoint, 2017), 117.
5. Berry, 103.
6. Wendell Berry, *The World-Ending Fire : The Essential Wendell Berry* (Berkeley, CA : Counterpoint, 2017), 232.

7. Berry, 259.
8. Berry, 263.
9. 주기도문, 그리고 그것과 희년의 연관성에 관해서는 Douglas Oakman, *Jesus, Debt, and the Lord's Prayer : First-Century Debt and Jesus' Intent* (Eugene, OR : Cascade Books, 2014)와 Sharon Ringe, *Jesus, Liberation, and the Biblical Jubilee : Images for Ethics and Christology*, Overtures to Biblical Theology 19 (Philadelphia : Fortress Press, 1985)를 보시오. 빚과 빚 탕감에 관해서 더 자세히 알고 싶다면 David Graeber, *Debt : The First 5,000 Years* (New York : Melville House, 2011)를 보시오. Graeber는 신학이나 윤리에 특별히 관심을 보이지 않았지만, 그의 책은 전 세계적인 부채 위기의 유일한 해법이 희년의 방식이라는 말로 끝맺음을 한다. 성숙한 물질성은 빚을 낳는 시장 이데올로기에서 벗어나 빚 탕감의 관점에서 경제를 재고하는 것을 포함한다.
10. Fred Dickey, "Arianna Huffington Is a Brilliant, Captivating, Wickedly Funny Enemy of the Establishment. She Also May Be a World-Class Opportunist," *Los Angeles Times*, 2000년 7월 30일, https : //www.latimes.com/archives/la-xpm-2000-jul-30-tm-61409-story.html.

2장 : 음식

1. James C. Scott, *Against the Grain : A Deep History of the Earliest States* (New Haven, CT : Yale University Press, 2017). 이 책은 정부들, 심지어 가장 초기의 정부들도 부를 통제

하기 위한 수단으로 곡식을 독점하려고 했다는 점을 탐구하고 있다. 창세기 47장 13~26절에 기록된 바로의 조치는 이 책이 말하는 정부의 힘을 단적으로 보여 준다. 곡식은 독점을 위한 수단이 되었다. 곡식은 예측 가능한 일정에 따라 생산하고 장기적으로 저장 가능해서 독점적인 정책에 따라 관리할 수 있기 때문이다. 예수님의 비유에서 만족할 줄 모르는 남자는 이렇게 곡식을 과도하게 축적하려는 욕심을 보여 준다.
2. 내 친구 피터 블록(Peter Block) 덕분에 텔레비전 광고의 작용에 관심을 갖게 되었다. 광고는 특정 제품을 사면 더 안전하거나 건강하거나 행복해진다고 약속한다. 여기에는 소비자가 지금까지 안전하거나 건강하거나 행복하지 않았다는 필연적인 전제가 깔려 있다. 그렇지 않으면 자사의 제품이 필요하지 않기 때문이다. 따라서 이런 마케팅은 현재의 행복을 인정할 수 없고 오직 자사 제품이 주는 미래의 행복만 약속할 뿐이다.
3. Wendell Berry, *Jayber Crow : A Novel*(Washington, DC : Counterpoint, 2000), 181.
4. Wendell Berry, *The World-Ending Fire : The Essential Wendell Berry* (Berkeley, CA : Counterpoint, 2017), 149.
5. Ellen F. Davis, *Scripture, Culture, and Agriculture : An Agrarian Reading of the Bible*(Cambridge : Cambridge University Press, 2009), 103-4.
6. Brooks Harrington, *No Mercy, No Justice : The Dominant Narrative of America versus the Counter-Narrative of Jesus' Parables* (Eugene, OR : Cascade Books, 2019), 184-98을 보시오.

7. Brooks Harrington, *No Mercy, No Justice : The Dominant Narrative of America versus the Counter-Narrative of Jesus' Parables* (Eugene : Cascade Books, 2019)에서.
8. Cameron Whybrow, *The Bible, Baconianism, and Mastery over Nature : The Old Testament and Its Modern Misreading* (New York : Peter Lang, 1991). 이 책은 자연을, 인간의 만족을 위해 착취해도 되는 대상으로 여긴 (프랜시스 베이컨(Francis Bacon)으로 대변되는)근대 사상의 가정들을 파헤친 믿을 만한 안내서다. 피조세계와의 파트너십이라는 개념은 이런 근대 사상의 가정들과 정면으로 배치된다.
9. Matthias Claudius, "We Plow the Fields and Scatter," *Prayer Book and Hymnal according to the Use of the Episcopal Church* (New York : Church Publishing, 1986), 291. 뜻밖에도 이 찬송가는 (이하 미국)연합 그리스도 교회(United Church of Christ)와 연합 감리교회(United Methodist Church), 장로교회(Presbyterian Church)의 찬송가집에서 거의 찾아볼 수 없다. 아마도 그것은 우리가 땅 및 식량 생산이라는 하나님 선물과 그토록 친밀하게 접촉할 수준에서 더 '진보'했다는 그릇된 가정 때문일 것이다. 참으로 안타까운 노릇이다!

3장 : 몸

1. Samuel John Stone, "The Church's One Foundation," *Glory to God* (Louisville, KY : Westminster John Knox Press, 2013), 321.
2. 다음 책에서처럼 이런 가부장적인 이미지의 위험을 철저히 고려

해야 한다. Renita J. Weems, *Battered Love : Marriage, Sex, and Violence in the Hebrew Prophets*, Overtures to Biblical Theology (Minneapolis : Fortress Press, 1995).
3. 예레미야 선지자가 옛 토라 전통을 사용한 것은 가부장적으로 보인다. 신명기 24장 1~4절에서 토라는 가장의 명예가 보호되도록 불미스러운 일을 저지른 아내가 돌아오는 것을 금하고 있다. 하지만 예레미야 3장 1절~4장 4절에서 하나님은 회복된 관계를 위해 고의적으로 이 법을 위반하신다. Michael Fishbane, *Biblical Interpretation in Ancient Israel* (Oxford : Clarendon Press, 1985), 307-12를 보시오.
4. Nadia Bolz-Weber, *Shameless : A Sexual Reformation* (New York : Convergent, 2019).
5. 2019년 2월 연합 감리교회는 동성 결혼과 동성애자 목회자를 계속해서 거부하기로 결정했다. 이 참담한 결정은 언약적 헌신보다 몸의 기관들에 집착하는 단적인 예다. 완벽한 두려움은 사랑을 몰아낸다(요일 4 : 18 참조).
6. Roy Schaeffer, *Retelling a Life : Narration and Dialogue in Psychoanalysis* (New York : Basic Books, 1992), 94-95. 이 책은 성적 관계에서 전인이 '행위자'(agent)이자 '환경'(milieu)이 되어야 한다는 말로 성관계의 역동적, 대화적 특성을 강조하고 있다.
7. 성경이 '몸'을 전인으로 이해한다는 점은 '혼'이나 '몸(self)'으로 다양하게 번역되는 히브리 단어인 '네페쉬'에서 잘 드러난다. 이 역본설(dynamism)에 관해서 Hans Walter Wolff, *Anthropology of the Old Testament* (Mifflintown, PA : Sigler

Press, 1974), 76-79를 보시오.

8. N. T. Wright, "The Letter to the Romans," *The New Interpreter's Bible* (Nashville : Abingdon Press, 2002), 10 : 705.

9. Philip Carrington, *The Primitive Christian Catechism : A Study in the Epistles* (Cambridge : Cambridge University Press, 1940)을 보시오.

10. Brigitte Kahl, *Galatians Re-Imagined : Reading with the Eyes of the Vanquished*(Minneapolis : Fortress Press, 2010), 270페이지 외에 여러 곳은 어떻게 이 두 범주가 로마 제국의 힘과 복음의 세 체제를 지칭하는지를 보여 준다. 이 둘은 단순한 도덕적 특징들이 아니라 상충하는 이념적 주장에서 비롯한 행동들이다.

11. Ta-Nehisi Coates, *Between the World and Me* (New York : Spiegel & Grau, 2015), 33.

12. Coates, 50.

13. Coates, 116.

14. Coates, 110-11.

15. Coates, 101. Sven Beckert, *Empire of Cotton : A Global History* (New York : Alfred A. Knopf, 2014)는 역사 내내 모든 목화 생산 문화가 잔인함과 폭력으로 물들어 있다는 사실을 보여준다. 미국 목화 역사가 단적인 예다.

16. Michelle Alexander, *The New Jim Crow : Mass Incarceration in the Age of Colorblindness* (New York : New Press, 2010)와 Carol Anderson, *White Rage : The Unspoken*

Truth of Our Racial Divide (New York : Bloomsbury, 2016) 를 보시오.

17. John Fawcett, "Blest Be the Tie That Binds," *Glory to God*, 306을 보시오; 이 찬송가에 관한 나의 주석서인 Walter Brueggemann, *A Glad Obedience : Why and What We Sing* (Louisville, KY : Westminster John Knox Press, 2019), 65&-70도 보시오.

18. Dietrich Bonhoeffer, *The Cost of Discipleship* (New York : Macmillan, 1948), 183.

19. Andrea Bieler and Louise Schottroff, *The Eucharist : Bodies, Bread, & Resurrection* (Minneapolis : Fortress Press, 2007), 41.

20. Bieler and Schottroff, 84-85.

21. R. Alan Streett, *Subversive Meals : An Analysis of the Lord's Supper under Roman Domination during the First Century* (Eugene, OR : Pickwick Press, 2013)을 보시오. R. Alan Streett, *Caesar and the Sacrament : 100 Notes Baptism; A Rite of Resistance* (Eugene, OR : Cascade Books, 2018)도 보시오.

22. William T. Cavanaugh, *Torture and Eucharist : Theology, Politics, and the Body of Christ* (Oxford : Blackwell, 1998) 을 보시오.

4장 : 시간

1. Pheme Perkins, "The Gospel of Mark," *The New Interpreter's Bible* (Nashville : Abingdon Press, 1991), 8 : 557.

2. 출애굽기 5장에서 끝없는 생산을 강요하고 그 어떤 안식일의 쉼도 허락하지 않는 바로의 "열 가지 명령"을 쉽게 찾을 수 있다.
   1. "너희가 어찌하여 백성의 노역을 쉬게 하려느냐? 가서 너희의 노역이나 하라."(4절).
   2. "너희는 백성에게 다시는 벽돌에 쓸 짚을 전과 같이 주지 말고 그들이 가서 스스로 짚을 줍게 하라."(7절)
   3. "또 그들이 전에 만든 벽돌 수효대로 그들에게 만들게 하고 감하지 말라. 그들이 게으르므로."(8절)
   4. "그 사람들의 노동을 무겁게 함으로 수고롭게 하여 그들로 거짓말을 듣지 않게 하라."(9절)
   5. "너희는 짚을 찾을 곳으로 가서 주우라. 그러나 너희 일은 조금도 감하지 아니하리라."(11절)
   6. "너희는 짚이 있을 때와 같이 그 날의 일을 그 날에 마치라."(13절)
   7. "너희가 어찌하여 어제와 오늘에 만드는 벽돌의 수효를 전과 같이 채우지 아니하였느냐?"(14절)
   8. "너희가 게으르다. 게으르다. 그러므로 너희가 이르기를 우리가 가서 여호와께 제사를 드리자 하는도다."(17절)
   9. "이제 가서 일하라. 짚은 너희에게 주지 않을지라도 벽돌은 너희가 수량대로 바칠지니라."(18절)
   10. "너희가 매일 만드는 벽돌을 조금도 감하지 못하리라."(19절)

Walter Brueggemann, *Sabbath as Resistance : Saying No to a Culture of Now* (Louisville, KY : Westminster John Knox Press, 2014)을 보시오.

3. W. Sibley Towner, "The Book of Ecclesiastes," *The New Interpreter's Bible* (Nashville : Abingdon Press, 1997), 5 : 305.

4. Walter Brueggemann, *Tenacious Solidarity : Biblical Provocations on Race, Religion, Climate and the Economy* (Minneapolis : Fortress Press, 2018), 109-17, 175-96을 보시오.

5. Walter Brueggemann, *Interrupting Silence : God's Command to Speak Out; A Bible Study for Adults* (Louisville, KY : Westminster John Knox Press, 2018)를 보시오.

6. Martin Luther King Jr., "Our God Is Marching On!," Montgomery, AL, 1965년 3월 25일, Martin Luther King, Jr. Research and Education Institute, https : //kinginstitute.stanford.edu/our-god-marching.

7. Mark Taylor, *Speed Limits : Where Time Went and Why We Have So Little Left* (New Haven, CT : Yale University Press, 2014).

8. Carl Honore, *In Praise of Slowness : Challenging the Cult of Speed* (New York : HarperCollins, 2004). Walter Brueggemann, *Ice Axes for Frozen Seas : A Biblical Theology of Provocation*, Davis Hankins 편집 (Waco, TX : Baylor University Press, 2014), 351-74를 보시오.

9. Honore, *In Praise of Slowness*, 22.

10. Barbara Ehrenreich, *Natural Causes : An Epidemic of Wellness, the Certainty of Dying, and Killing Ourselves to*

Live Longer (New York : Twelve, 2018).

11. Ehrenreich, 3, 13.
12. Ehrenreich, 203. 에런라이크는 손택이 자신의 말대로 살지 못했다는 손택 아들의 고백을 언급한다. 물론 그렇다고 해서 손택의 말이 옳지 않은 것은 아니다.
13. Walter Brueggemann and William H. Bellinger Jr., *Psalms, New Cambridge Bible Commentary* (Cambridge : Cambridge University Press, 2014), 392-93.

5장 : 장소

1. Robert Wuthnow, *The Left Behind : Decline and Rage in Rural America* (Princeton, NJ : Princeton University Press, 2018), 13. Shoshana Zuboff, *The Age of Surveillance Capitalism : The Fight for a Human Future at the New Frontier of Power* (New York : Public Affairs, 2019), 476에 Gaston Bachelard의 다음 글이 인용되어 있다.

"집은 공상을 허락하고, 공상가를 보호하며, 평안하게 꿈을 꾸게 해준다. ……집은 인류의 생각과 기억을 가장 강하게 통합해 주는 곳 중 하나다. ……집은 몸이요 영혼이다. 집은 인간의 첫 세상이다. 인간은 '세상 속으로 던져지기' 전에…… 집의 요람에 누인다.……잘 시작된 삶은 사방이 벽으로 보호된 집의 따스한 품 안에서 시작된 삶이다."

이어서 주보프는 자신의 설명을 더한다.

집은 인간이 되는 법을 처음으로 배우는 친밀함의 학교다. 모퉁이와 구석마다 달콤한 고독을 숨기고 있다. 방들은 관계의 경험을 만들어 낸다. 집이 주는 보호와 안정성은 자신만의 독특한 내적 자기감 곧 정체성을 형성시키고, 그것이 이후 우리의 모든 공상과 밤의 꿈에 스며든다. 집의 숨는 장소들(옷장과 상자, 서랍, 자물쇠와 열쇠)은 신비와 독립에 대한 우리의 욕구를 충족시킨다. 잠기거나 닫히거나 반쯤 닫히거나 활짝 열린 문들은 경이와 안전, 가능성, 모험에 관한 우리의 감각을 자극한다.

2. Martin Buber, *Between Man & Man* (New York : Macmillan, 1947), 126.
3. Buber, 131, 133.
4. Micheal O'Siadhail, *The Five Quintets* (Waco, TX : Baylor University Press, 2018), 244.
5. Peter Berger, Brigitte Berger, and Hansfried Kellner, *The Homeless Mind : Modernization and Consciousness* (New York : Vintage Books, 1974). Jacques Ellul, *The Technological Society* (New York : Knopf, 1964)는 최신 기술이 집 상실을 낳는 현상을 훨씬 더 실용적인 관점에서 조명한다. Dennis M. Weiss, *Design, Mediation, and the Posthuman* (Dennis M. Weiss, Amy D. Propen, and Colbey Emmerson Reid, Lanham 편집, Md : Lexington Books, 2016)은 부버와 버거가 참여한 논의를 확장하고 비판했다.
6. 주보프는 이렇게 주한다. "내 집, 내 동네, 내가 좋아하는 카페, 이 모두가 살아 있는 관광책자, 감시 대상, 노천 채굴 광산으로

다시 정의되고 있다. 24시간 감시와 상업적 몰수의 대상이 되고 있다."

7. Zuboff, 5.

8. Craig Fuller, "The Homeless Industrial Complex Problem," *HuffPost*, 2016년 1월 28일, 2017년 1월 27일 업데이트, https://www.huffpost.com/entry/the-homeless-industrial-c_b_9092426.

9. David Brooks, "The Case for Reparations," *New York Times*, 2019년 3월 8일자를 보시오.

10. 좋은 사례를 보려면 Kevin Roose의 개인적인 보고서, "How I Ditched My Phone and Unbroke My Brain," *New York Times*, 2019년 2월 23일자를 보시오.

11. Zuboff, *Age of Surveillance Capitalism*, 520, 525.

12. 1928년, (한동안 주의 차관을 지낸) Sumner Welles는 중미, 특히 도미니카 공화국에 대한 미국의 약탈적인 정책들을 파헤친 광범위한 연구 보고서를 발표했다. 그는 그 보고서를 절묘하게 '나봇의 포도원'으로 명명했다. 이 제목은 미국이 약한 공화국이라는 나봇에 대해 아합과 이세벨의 역할을 했음을 시사한다. 남쪽 국경에서 들어오는 난민들의 곤경을 보며 우리는 미국이 남쪽 이웃 국가의 것을 빼앗은 일을 깊이 돌아보아야 한다. 미국의 오랜 약탈적 정책으로 인해 난민들은 집을 잃었다.

13. Patrick Phillips, *Blood at the Root: A Racial Cleansing in America* (New York: W. W. Norton, 2016)는 최근 미국 흑인들이 주지아 주 포쉬 카운티(Forsythe County)에서 강제 이주를 당한 사건을 자세히 파헤친다. 그들이 고향에서 쫓겨난

뒤 백인들이 그곳을 점거하고 재산세를 냈으며, 몇 년 만에 몰수를 통해 그곳의 주인이 되었다. 이는 현대판 "움직이는 경계표"의 예다.

14. 이 점이 더없이 감동적인 웬델 베리의 모든 책의 핵심이다. 예를 들어, *The Unsettling of America : Culture and Agriculture* (San Francisco : Sierra Club, 1977)을 보시오.

15. Saskia Sassen은 이렇게 말한다. "미국에서 새로운 문화 형태의 출현과 함께 고소득 노동력이 늘어났고, 이는 고소득자들에 의한 젠트리피케이션을 낳았다. 최근 분석에 따르면 이 젠트리피케이션은 저임금 노동자들의 막대한 공급에 의존한다. 고소득자들에 의한 젠트리피케이션은 노동집약적이다...고소득자들에 의한 젠트리피케이션이 직접적으로나 간접적으로 노동자들의 이런 자본 집약성을 상당 부분 대체하고 있다." *Cities in a World Economy*, 4th ed. (New York : Sage, 2012), 268.

16. Berry, *Unsettling of America*, 31; Ellen F. Davis, *Scripture, Culture, and Agriculture : An Agrarian Reading of the Bible* (Cambridge : Cambridge University Press, 2009), 108.

17. 우드나우는 시골 삶을 매력적으로 그리고 있다. 특히 그는 시골의 풍부한 "연합된 삶"을 옹호한다. "시골 마을들에는 이런 협력이 풍부하다. 마을의 존경 받는 일원이 되는 것은 자신과 가족을 잘 돌볼 뿐 아니라 마을의 문제들을 해결하는 데 소소하게 협력하는 것을 의미한다."(*The Left Behind*, 80). David Brooks, "What Rural America Has to Teach Us," *New York Times*, 2019년 3월 22일자를 보시오.

반면, 주보프는 도시를 쫓아내기와 어두운 데이터의 중심지로

그린다. "이 모든 요소가 하나로 모여, 인간적인 일을 위해 공유되는 공적 영역을, 감시 자본주의를 위한 배양 접시로 변질시킨 곳이 하나 있다. 그곳은 바로 도시다."(*Age of Surveillance Capitalism*, 227). 계속해서 주보프는 도시를 "영리"를 위해 착취하는 곳, "디지털 불평등"의 장소로 부르고, 도시의 키오스크들을 "데이터의 샘"으로 부른다.

18. Joseph Brackett Jr., "'Tis the Gift to Be Simple," *Hymnal 1982 : According to the Use of the Episcopal Church* (New York : Church Hymnal Corp., 1985), 554.
19. Wendell Berry, *The Gift of the Good Land : Further Essays Cultural and Agriculture* (San Francisco : North Point Press, 1981). "합당한 장소"로서의 모든 장소는 선물이다!
20. David Brooks, "An Agenda for Moderates," *New York Times*, 2019년 2월 26일. Wendell Berry, *It All Turns on Affection : The Jefferson Lecture and Other Essays* (Berkeley, CA : Counterpoint, 2012)를 보시오.

결론

1. Jose Miranda, *Marx and the Bible : A Critique of the Philosophy of Oppression* (Maryknoll, NY : Orbis Books, 1974), 49.

감사의 말

 추천의 글을 써준 짐 월리스에게 진심으로 감사한다. 그의 온 삶은 성숙한 물질성을 실천한 삶이었다. 데이비드 돕슨(David Dobson), 줄리 토니니(Julie Tonini), 데이비드 맥스웰(David Maxwell)을 비롯한 웨스트민스터 존 녹스 프레스(Westminster John Knox Press) 식구들과 토론을 위한 질문을 써준 마크 프라이스(Mark Price)에게 감사한다. 무엇보다도 이 원고의 완성을 도와준 존 브루그만(John Brueggemann)에게 깊이 감사한다.

완전한 풍요

4쇄발행	2024년 9월 1일
지 은 이	월터 브루그만
옮 긴 이	정성묵
펴 낸 이	강성훈
발 행 처	한국장로교출판사
주　　소	03128 / 서울시 종로구 대학로3길 29, 신관 4층(연지동, 총회창립100주년기념관)
편 집 국	(02) 741-4381 / 팩스 741-7886
영 업 국	(031) 944-4340 / 팩스 944-2623
홈페이지	www.pckbook.co.kr
인스타그램	pckbook_insta　　　**카카오채널** 한국장로교출판사
등　　록	No. 1-84(1951. 8. 3.)

책임편집 정현선
편집 원지현　　　　　　　　　　**디자인** 최종혜
경영지원 박호애 최수현　　　　　**마케팅** 박준기 이용성 성영훈

ISBN 978-89-398-4418-6
값 11,200원

※ 이 출판물은 저작권법에 의해 보호를 받는 저작물이므로 무단전재와 무단복제를 할 수 없습니다.